J

LA PROSPERIDAD ES UN DERECHO DIVINO

Copyright © 2024 Jasmine Ly

Reservados todos los derechos.

ISBN: 978-99979-0-974-9

DEDICACIÓN

Dedicado a todos los amados hijos de Dios alrededor del mundo. Tu viaje hacia la Prosperidad Divina comienza aquí. Abre la puerta a una vida de abundancia y propósito.

Contenido

Introducción	1
1. El Mapa del Dinero JL	3
El Mapa del Dinero JL para Finanzas Personales	8
Beneficio del Mapa del Dinero JL a largo plazo	26
¿Por qué debería aplicar el Mapa del Dinero JL?	31
Mapa del dinero JL para propietarios de negocios	36
¿Por qué invertir es generar verdadera prosperidad?	39
2. La Ley de la Prosperidad Divina Sobrenatural	49
La enseñanza de la Prosperidad Divina Sobrenatural	57
3. Es nuestra Responsabilidad ser Prósperos en la Vida	61
Vivir mentalmente en la Prosperidad…	65
4. La falta de Educación Financiera causa pobreza	87
El mundo necesita un nuevo sistema educativo	93
5. La Prosperidad es un derecho Divino	103
Dios creó el mundo a través de las palabras habladas	106
La Prosperidad es una decisión	117
6. Servir a Dios y a Su pueblo… efectiva al enriquecerte	123
7. La administración interior para una vida plena	133
8. Principios Financieros de la Biblia	153
9. Las promesas de Dios sobre la provisión	169
10. Gratitud y Amor	177
Reconocimientos	189
Acerca del Autor	195

Introducción

Sumérgete en el fascinante mundo de la liberación financiera y la abundancia divina mientras te llevamos en un emocionante viaje a través de la historia de Jasmine Ly y su innovadora creación: el **Mapa del Dinero JL**. En esta narrativa cautivadora, descubre el poder transformador de un sistema de gestión financiera diseñado no solo para administrar el dinero, sino también para romper las cadenas del estrés financiero y revelar el camino hacia una prosperidad sin límites. Con cada giro de página, descubrirás un mundo donde los creyentes tienen el poder de difundir el evangelio y aliviar el sufrimiento de la presión financiera.

Este sistema de gestión del dinero actúa como una brújula, guiando al pueblo de Dios a acceder al sistema económico celestial y revelándoles la llave que sostiene su Prosperidad Divina, para que puedan abrir la puerta a una prosperidad ilimitada, enriqueciendo cada aspecto de sus vidas.

Con una sólida creencia en el potencial de todos los cristianos para alcanzar la riqueza y el éxito, Jasmine Ly aboga apasionadamente por la difusión del evangelio y la bondad de Dios en todo el mundo. A través de su innovador sistema, su objetivo es liberar a las personas de las cargas de la presión financiera, especialmente de las dificultades de la pobreza, facilitando una transición global de la riqueza hacia las manos de los hijos de Dios.

1

El Mapa del Dinero JL

El video que capturó mi discurso de graduación en Administración de Empresas rápidamente se abrió paso a través de mi círculo de amigos. Poco después, aquellos con negocios familiares comenzaron a acercarse a mí para pedir consejo. Ansioso por convertir mis conocimientos académicos en un impacto en el mundo real, aproveché la oportunidad. Participando en extensas conversaciones con ellos, investigué las complejidades de sus situaciones comerciales, escuchando con empatía sus desafíos. Esta experiencia proporcionó información valiosa sobre los problemas multifacéticos a los que se enfrentaban sus empresas. Motivado por un deseo genuino de ayudar, elaboré estrategias, desde tácticas de venta hasta enfoques de recursos humanos. Además, ofrecí explicaciones sobre la utilización de los estados financieros para la toma de decisiones estratégicas. Lo positivo recepción de mis esfuerzos se reflejó en sus expresiones de gratitud.

Dos años después, obtuve mi maestría en Finanzas. Enfrentada a una decisión crucial entre buscar un trabajo convencional de 9 a 5 o convertirme en empresaria, a pesar de tener atractivas oportunidades de trabajo, las rechacé, convencida de que la rutina de trabajo convencional no era para mí, así que comencé mi viaje para convertirme en una empresaria.

De repente, un empresario me buscó para pedirme consejo, llegó por la recomendación de alguien, a quien había ayudado anteriormente. Estaba ocupada con el lanzamiento de mi línea de ropa, mis negocios de Network Marketing (NWM) y Airbnb, no estaba interesada en asumir más compromisos comerciales. Sin embargo, él insistió e incluso ofreció pagarme por mi ayuda. Para disuadirlo, le di un precio elevado, pero para mi sorpresa, aceptó sin dudarlo.

Este caso resaltó un problema común entre los empresarios: muchos enfrentaban dificultades con la gestión del dinero a medida que sus negocios crecían. Manejar los desafíos en recursos humanos y estrategias de expansión, resultaba complicado para ellos. Algunos eran demasiado orgullosos para pedir ayuda, mientras que otros intentaron leer libros para mejorar sus habilidades.

Viendo una oportunidad, decidí convertirme en consultora de negocios y finanzas para emprendedores. Fue entonces cuando surgió Jasmine Ly Consulting (JLC), la consultoría Internacional de Negocios y Finanzas, y para enfocarme en JLC, tuve que dejar de lado mi línea de ropa. Más adelante, doné toda la tienda a la Sra. Uris, para ayudarla durante la pandemia. Manejando tres negocios: JLC, Airbnb y NWM, resultó ser todo un desafío. Un año después, sentí la inspiración para dejar NWM e inauguré mi primer Hotel LOTUS by Jasmine Ly.

Dios era quien me guiaba y me levantaba. Casi todos los clientes de JLC llegaban a través de referencias de un cliente a otro, desde propietarios de pequeñas empresas hasta empresarios de medianas y grandes empresas, e incluso directores ejecutivos acudían a JLC en busca de soluciones. Con el favor de Dios, todo simplemente se iba encajando de manera perfecta. Mi Airbnb recibía huéspedes internacionales de muchos países desde Estados Unidos, Europa y Asia, que venían a hospedarse en hotel LOTUS. Al ver el servicio de consultoría empresarial y financiera que promocionábamos en el lobby, los emprendedores internacionales, y los ejecutivos de empresas internacionales solicitaban citas con JLC, y se convertían en clientes de JLC. No existe ningún tipo de campaña de marketing que pudiera lograr ese tipo de resultados para una principiante como yo, haber tenido ese tipo de alcance en todo el mundo y crear una red de propietarios de negocios en mi lista de clientes para JLC. Dios fue quien hizo todo eso posible para mí.

A través de mi experiencia en ayudar a clientes sin conocimientos financieros previos, se me ocurrió una manera de simplificar los estados financieros para que cualquiera pudiera entenderlos de manera rápida y sencilla. Usualmente, realizaba dibujos para explicarlos durante nuestras reuniones, ayudándoles a visualizar claramente su situación financiera y cómo tomar el control sobre ella y administrarla, en lugar de permitir que los controle a ellos.

Un día, mientras buscaba una manera de organizar mi propia situación financiera, se me ocurrió un sistema maravilloso que podría resolver el lío financiero que enfrentábamos la mayoría de los dueños de negocios, incluyéndome a mí. Tenía ingresos de diferentes negocios y también gastos para diferentes propósitos, incluidos los gastos personales. Sabía que cualquier persona que no viera claramente su situación financiera eventualmente experimentaría presión financiera. Fue entonces cuando creé el 'Mapa del Dinero JL'. Lo apliqué y lo probé por mí misma, y funcionó perfectamente. Luego, llamé a algunos clientes y les pedí que aplicaran el sistema a sus finanzas personales; sus comentarios fueron maravillosos.

Me emocioné y comencé a desarrollar y expandir la fórmula. Le pedí a mi amiga que lo aplicara a sus finanzas personales, y quedó contenta con los resultados. Me dijo: "Ahora me siento muy organizada financieramente y tendré suficientes presupuestos para todo". Ella estaba convencida de que este sistema debería aplicarse en todo el mundo. Su testimonio mostraba cómo el método la había salvado, de tener una forma desordenada de administrar sus finanzas personales a una forma muy organizada de gestionar su dinero. Pasó de sentir que nunca tenía suficiente dinero para todo lo que quería, a tener más que suficiente para todo e incluso tener una parte para servir a Dios.

En ese momento, supe que debía escribir un libro financiero para presentar el 'Mapa del Dinero JL' al mundo. Comencé a organizar eventos en grupos pequeños para emprendedores, de 3 a 5 personas a la vez, para presentarles el 'Mapa del Dinero JL', asegurándome de que todos lo entendieran y lo aplicaran. Los primeros eventos que realicé se consideraron como entrenamiento gratuito, ya que aún estaba probando y viendo cómo se sentía la gente al aplicarlo. Los comentarios que recibí fueron sorprendentemente positivos.

Recuerdo a un viejo amigo del negocio de NMK. Después de asistir a uno de mis eventos en la oficina, expresó que siempre había admirado a Robert Kiyosaki como el padre de las finanzas personales, pero que ahora había encontrado lo que faltaba en los libros financieros de Robert Kiyosaki: era el 'Mapa del Dinero JL'. Dijo que sentía que el 'Mapa del Dinero JL' era la forma en que Dios quería que su pueblo administrara sus finanzas personales. Quedé sorprendida por sus elogios. También comparto su admiración por Robert Kiyosaki. Me sentí lleno de alegría en mi corazón; sabía que Dios fue quien me dio la sabiduría para diseñar el 'Mapa del Dinero JL'.

Estoy agradecida con Dios y siento un privilegio de ser instrumento de Dios para presentarles este sistema de manejo del dinero. Lo voy a dividir en dos secciones, la primera sección es para Finanzas Personales y la segunda sección es para Finanzas Empresarial.

El Mapa del Dinero JL para Finanzas Personales

Así es la manera que normalmente gestionamos nuestros ingresos: cuando recibimos el salario mensual, lo tenemos en nuestra cuenta bancaria personal y luego comenzamos a gastarlo para cubrir todas nuestras necesidades y deseos.

Esto es lo que hacemos normalmente, y pensamos que no hay nada de malo en ello, pero aquí está el problema: estamos mezclando nuestras necesidades y nuestros deseos en la misma canasta. Tenemos los gastos fijo mensual para cubrir nuestras necesidades, y los gastos variable para cubrir nuestros deseos, pero los deseos son un lujo y nunca sabemos cuánto dinero necesitamos exactamente para satisfacerlos. Esto es lo que nos lleva a quedarnos sin dinero la mayor parte del tiempo. Parece que nunca tenemos suficiente, y cuanto más tenemos, más gastamos.

Debido a este hábito de gasto, nunca sabemos con exactitud cuánto necesitamos realmente para sobrevivir y exactamente cuánto necesitamos para vivir una vida con placer. Las necesidades son aquellas que no podemos vivir sin ellas, por ejemplos: Comida, alquiler, ropa, luz, agua etc. Los deseos son aquellos que podemos vivir totalmente bien sin ellos, por ejemplos: fiestas, cine, salón de belleza etc. Por lo tanto, para reducir nuestros gastos mensuales, solo podemos reducir los gastos desde la lista de los deseos. Los gastos desde la lista de las necesidades no son reducibles. Para eso, primero debemos identificar esas 2 listas de gastos.

Estos son los *Gastos Fijos (GF)* y los *Gastos Variables (GV)*
1. Gastos Fijos (GF): Son los gastos para cubrir tus necesidades que consideras que no puedes sin ellas.
2. Gastos Variables (GV): Son los gastos para cubrir tus deseos, pero consideras que puedes vivir sin ellas.

El GF y el GV de cada persona serán diferentes, este es un ejemplo de la lista de los gastos fijos de una de mis clientes:

Concepto	Monto ($)
Comidas	500
Agua, electricidad	100
Internet	50
Celular	30
Gasolina	150
Comida para mascotas	50
Servicio limpieza de casa	400
Salario de guardia	115
Cosméticos	120
Productos cuidado personal	150
Productos para limpieza	60
Gimnasio	110
Impuesto de vivienda	100
Total	**$1,935**

Esto responde a la pregunta de cuánto exactamente necesita ella para sobrevivir durante un mes. Menos que esto, afectará la calidad de su vida.

Cuando conoces el monto exacto de tus Gastos Fijos, te ayuda a medir tu necesidad financiera innegociable en tu vida. Si desarrollas esta habilidad de calcular tus Gastos Fijos cada año y ajustarlos cuando lo desees, entonces eres tú quien tiene el control, no tu dinero teniendo el control sobre ti. Después de ver claramente tu necesidad financiera innegociable, conoces el monto exacto que debes ganar para seguir viviendo la vida normal. En este caso, ella necesita: $1,935.

Esta es la lista de Gastos Variables de ella; Estos son todos los gastos que ella quiere o desea tener mensualmente, pero puede vivir sin ellos:

Concepto	Monto ($)
Cine	60
Salón de belleza	100
Restaurante de lujo	200
Viaje en fin de semana	100
Streaming, Netflix, Spotify	200
Compras	300
Fiestas	150
Regalos para cumpleaños	150
Libros	100
Música	20
Orquídea, bonsái	100
Flores	50
Masajes, yoga	200
Vino	50
Postres	90
Total	**$1,870**

*Esta cantidad se puede estimar y se puede ajustar cuando quieres.

Los Gastos Variables mensuales que ella estimó fueron $1,870. Puede vivir totalmente sin ellos, pero este tipo de gastos le proporciona el estilo de vida placentero que desea tener. Si quiere ahorrar, esta es la lista de gastos que puede reducir y transferir a una cuenta de ahorros.

Una vez que hayas clasificado estos dos tipos de gastos, GF y GV, ahora tienes claro exactamente cuánto es la cantidad de dinero que no puedes vivir sin él, y cuánto es la cantidad adicional que necesitas para cubrir tus deseos. Puedes ahorrar mucho dinero reduciendo los Gastos Variables.

Ahora, el siguiente paso que quiero que hagas es organizar tu dinero de esta manera:

(Llenar GF, GV con la cantidad total desde las listas de GF y GV)

Ten en cuenta que tendrás 5 cuentas bancarias. La cuenta bancaria receptora recibe el 100% de sus ingresos mensuales y luego divide el 100% en esas otras 4 cuentas bancarias.

La primera cuenta bancaria a la que envías tu dinero es la cuenta bancaria de Gastos Fijos. Esta cantidad es la suma total desde la lista de tus Gastos Fijos. Esta cuenta contiene la cantidad de dinero sin la que no puedes vivir.

La segunda cuenta que debes llenar es el 10% para Dios, porque este 10% también es una tasa fija. Dios dijo en la Biblia: *"Traigan la cantidad total de sus diezmos al Templo, para que haya comida en abundancia allí. Pruébenme en esto —dice el Señor Todopoderoso—, y vean si no abro las compuertas del cielo y derramo sobre ustedes bendición hasta que sobreabunde." (Malaquías 3:10).*

Si no asistes a iglesia, puedes hacer caridad en tu comunidad u otras comunidades cercanos los fines de semana, o acumular la cantidad hasta fin de año para comprar regalos para los niños necesitados de tu comunidad. Por ejemplo, puedes usar este dinero para comprar comida a los perros y gatos hambrientos sin hogar, a las personas sin hogar que ves en las calles, a familiares o amigos que enfrentan desafíos financieros que conoces, comprar comida o ropa para alguien que conoces que carece de esas cosas, ayudar a los niños enfermos, o para dar a la iglesia a la que perteneces. Esta cuenta es activo de Dios, para hacer milagros financieros en la vida de las personas necesitadas, por lo tanto, debes administrarse con mucha disciplina y debes seguir tu corazón.

La tercera cuenta bancaria a la que debes enviar tu dinero es la cuenta bancaria de Gastos Variables. Esta cantidad es la suma total desde la lista de tus Gastos Variables. Esta cuenta contiene el dinero que utilizarás para cubrir tus deseos. Puedes vivir sin gastar este dinero y ahorrar y enviarlo a tu cuenta de ahorros. O simplemente déjalo ahí para acumularlo y así poder usarlo para planear un viaje de lujo o comprar algo como aparatos electrónicos o lo que puedan ser tus intereses, o la mejor opción es enviarlo a la cuenta de ahorros para que puedas invertir en diferentes oportunidades para generar más ingresos.

La cuarta cuenta bancaria a la que necesitas enviar tu dinero es la cuenta de ahorros. Esta cuenta de ahorros es especialmente para que inviertas en cualquier cosa que quieras hacer, para generar más fuentes de ingresos. Las inversiones generan las verdaderas riquezas para tu vida porque es cuando el dinero trabaja para ti. Algunas buenas opciones son: propiedades para alquiler, terrenos, bolsas de valores, fondos mutuos, ETFs, bonos, oro, plata, cripto monedas, bitcoin etc. O invierte en negocios o industrias que te apasionen.

Algunos de mis clientes abrieron cuentas de ahorro específicas para alcanzar objetivos como: comprar un coche, un aparato digital, una casa etc. Ellos apartan pequeñas cantidades de ingresos durante 2 a 5 años y luego tienen lo suficiente para comprar un automóvil sin crédito ni préstamos. Pero la mejor decisión es invertir su dinero desde cuenta de ahorro. Cuando las inversiones generan ingresos, puede utilizar esos ingresos para comprar un coche u otros dispositivos electrónicos etc.

El Mapa de Dinero de JL te ayuda a ahorrar más y a crear más fuentes de ingresos

Si mantenemos intocables la cuenta de Gastos Fijos y la cuenta de Dios, entonces los Gastos Variables y la cuenta de Ahorros se pueden relacionar de manera opuesta: Si la cantidad de dinero en GV se reduce, la cuenta de ahorros aumentará. Si la cantidad de dinero en GV aumenta, la cuenta de ahorros se reducirá.

Entonces, cada vez que reduzcas algún gasto variable de tu lista, simplemente transfiere esa cantidad a tu cuenta de ahorros. Por ejemplo, imagina que estás en el centro comercial y te antojas de unos zapatos que no los necesitas, pero quieres tener, y en este momento, en lugar de comprar los zapatos, realiza una transferencia inmediata de la misma cantidad que cuesta los zapatos a tu cuenta de ahorros. Al realizar la transferencia, agrega una descripción como 'Ahorros por la compra de zapatos' para recordarte cuánto ha ahorrado al reducir los gastos variables. Lo hice un par de veces, una vez con un hermoso vestido que realmente quería, y la otra vez con un hermoso par de zapatos. Este hábito de ahorro resulta especialmente valioso para quienes tienden a comprar impulsivamente, ya que nos ayuda a evitar adquirir cosas que en realidad no necesitamos, especialmente en el caso de las mujeres.

Cuando tienes una visión clara de tu Mapa de Dinero, comprendes que todo lo que deseas comprar para satisfacer tus aspiraciones proviene de la Cuenta de Gastos Variables. Por ejemplo, si anhelas un televisor nuevo, el dinero acumulado en tu cuenta de Gastos Variables se encargará de ello. Lo mismo sucede si quieres adquirir un teléfono nuevo; el dinero acumulado en tu cuenta de Gastos Variables cubrirá esa compra. Todo aquello que desees comprar para mejorar tu calidad de vida, como viajes, ropa elegante, zapatos y joyas, se financia con el dinero de tu cuenta de Gastos Variables. Cada cuenta tiene funciones específicas, y es crucial no mezclarlas para optimizar la eficiencia de tu dinero y mantener un control sobre él. De esta manera, tu dinero trabaja para ti de forma más efectiva.

El 'Mapa del Dinero JL' facilita la visualización y seguimiento claro de la cantidad de dinero que reduces de tus Gastos Variables, contribuyendo al aumento de tu cuenta de ahorros de un mes a otro. Al tener una comprensión clara de tu lista de Gastos Variables, puedes reducir conscientemente esos gastos, lo que, como resultado directo, aumenta tu cuenta de ahorros. Este incremento en la cuenta de ahorros puede abrir puertas para nuevas fuentes de ingresos. Te recomiendo explorar diversas oportunidades de inversión disponibles en el mercado y realizar inversiones inteligentes.

¿Qué hacer con la cantidad acumulada de dinero en cada cuenta después de que termine cada mes?

Después de cada mes, si te queda dinero en tu cuentas de Gastos Fijos y Gastos Variables, considera transferirlo a tu cuenta de Ahorros. Si continúa acumulándose, puedes ajustar la cantidad de gastos fijos a una cifra más precisa.

La cuenta de Ahorros debe tratarse con respeto y generalmente no deberías tocarla, a menos que sea para invertir y crear una nueva fuente de ingresos.

La cuenta de 10% de Dios es especial y requiere un manejo sabio. No es necesario gastar ese dinero todos los meses; puedes acumularlo y pedir a Dios que lo utilice para un propósito mayor. Por ejemplo, si has acumulado una cantidad considerable, podrías colaborar con otros para construir una casa para personas necesitadas. Pide a Dios que te guíe en el uso de esos recursos, ya sea enviándolos mensualmente para el servicio a los demás o para proyectos específicos. Es crucial aprender a servir a Dios de manera inteligente. Con el 10% destinado a la Cuenta de Dios, puedes marcar la diferencia en la vida de personas necesitadas y también ayudar a animales que requieren comida y refugio. Este pequeño porcentaje puede realizar milagros y contribuir al cambio en el mundo. Y te convierte en un instrumento valioso de Dios en la tierra simplemente con tu aportación del 10% para hacer obras a los prójimos.

¿Cuántas Tarjetas de Débito necesitas cuando aplica el Mapa del Dinero JL?

La cantidad de tarjetas de débito necesarias al aplicar el Mapa del Dinero JL puede variar según las preferencias y necesidades individuales. Sin embargo, muchos clientes han encontrado útil tener al menos dos tarjetas de débito:
1. Tarjeta de Gastos Fijos: Utilizada para cubrir los gastos fijos mensuales.
2. Tarjeta de Gastos Variables: Utilizada para cubrir los gastos variables mensuales.

La cuenta de ahorros no necesita sacar la Tarjeta de débito, debido cuando invertir, se realizan transferencias bancarias.

La cuenta de Dios, algunos gestionan con transferencias bancarias directas a cualquier tarjeta de débito existente, mientras que otros optan por tener una tarjeta de débito dedicada exclusivamente esa cuenta. La elección entre usar una tarjeta específica para la cuenta de Dios o transferir fondos a una tarjeta existente depende de las preferencias individuales.

LA PROSPERIDAD ES UN DERECHO DIVINO

Este es un ejemplo del sistema completo del Mapa del Dinero JL después de haber terminado de construirlo:

Crea tu presupuesto de Gastos Fijos:

DESCRIPCIONES	CANTIDAD ($)

Crea tu presupuesto de Gastos Variables:

DESCRIPCIONES	CANTIDAD ($)

Crea tu Mapa del Dinero JL:

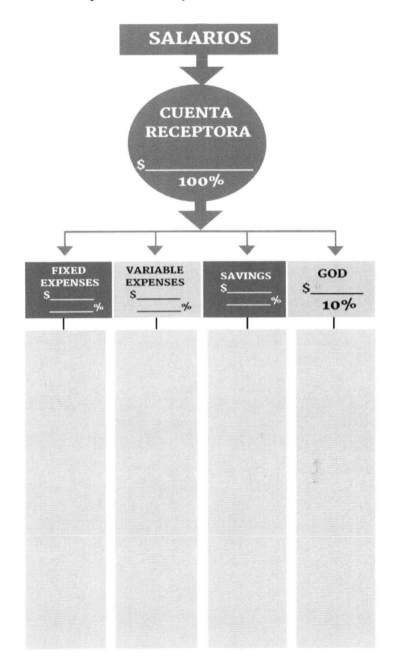

¿Cómo combinar el Mapa del Dinero JL para usuarios de tarjetas de crédito?

Es preferible evitar el uso de las tarjetas de crédito. Sin embargo, si es necesario utilizarlas, recomiendo que limite la cantidad a una o dos tarjetas como máximo para sus gastos personales. Si utiliza una tarjeta de crédito para todas sus compras, puede gestionar los pagos asociándolos con las cuentas de Gastos Fijos y Gastos Variables correspondientes. Algunos de mis clientes optan por utilizar dos tarjetas de crédito, mientras que otros prefieren utilizar solo una.

Este es el sistema combinado del Mapa del Dinero JL para usuarios de 2 tarjetas de crédito:

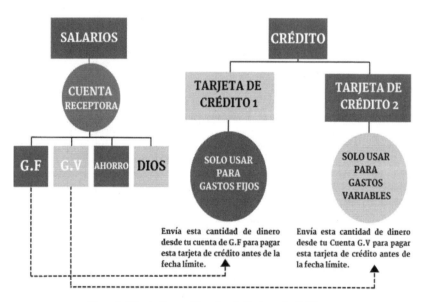

Mapa de Dinero JL para Usuarios de Tarjetas de Crédito

Una tarjeta de crédito es un préstamo del banco a los clientes. Después de usar ese préstamo, tienes que usar tus salarios para pagarlo. Si tienes 2 tarjetas de crédito, utilizarás una para tus gastos fijos según el monto controlado desde tu cuenta de Gastos Fijos. El otro para tus gastos variables será de acuerdo con la cantidad limitada que hayas establecido en tu cuenta de Gastos Variables. Antes de la fecha límite, enviará el dinero de su cuenta de Gastos Variables y su cuenta de Gastos Fijos para pagar las tarjetas de crédito.

Este es el sistema combinado del Mapa del Dinero JL para usuarios de una tarjeta de crédito:

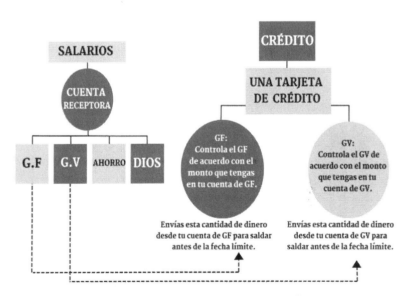

Mapa de Dinero JL para Usuarios de Tarjetas de Crédito

Una sola tarjeta de crédito para los gastos personal es ideal. Sin embargo, es crucial considerar la cantidad de dinero de sus Gastos Fijos y Gastos Variables antes de usarla. Esto se debe a que utilizará la misma tarjeta de crédito tanto para cubrir necesidades como para satisfacer deseos. Contar con la cantidad exacta para los Gastos Fijos evita excederse en el gasto, mientras que tener una estimación para los Gastos Variables ayuda a controlar impulsos o deseos. Establecer un límite en la cuenta de Gastos Variables puede prevenir gastos excesivos, actuando como una herramienta para evitar comportamientos de compra compulsiva.

La combinación del 'Mapa del Dinero JL' y la tarjeta de crédito te permite visualizar de manera clara cuánto puedes gastar de manera segura. Tener las tarjetas de crédito a disposición puede ser tentador, conduciéndote a gastar en cualquier cosa que desees. Por lo tanto, el 'Mapa del Dinero JL' actúa como un control remoto para poner límites a los problemas de gastos sin control que experimentan muchos usuarios de tarjetas de crédito.

Beneficio del Mapa del Dinero JL a largo plazo

El 'Mapa del Dinero JL' te ayuda a ampliar tu visión y comprender tu sistema financiero personal. Este sencillo diagrama captura la imagen completa de tus finanzas en una sola vista. Antes de aplicar el 'Mapa del Dinero JL', muchos de nosotros simplemente gastábamos sin tener una visión clara, lo que resultaba en la sensación de que nunca teníamos suficiente dinero. En ocasiones afortunadas, si sobraba algo, se destinaba a ahorros. De lo contrario, seguíamos trabajando arduamente y gastando todo nuestro dinero sin dirección ni claridad.

Este patrón de gasto sin control se transmitía de generación en generación. Nos preguntábamos por qué nunca teníamos suficiente dinero, ya que nunca tomábamos el control de nuestras finanzas. En cambio, permitíamos que el dinero controlara nuestras vidas, siguiendo hábitos de gastos ciegos, como conducir un automóvil con los ojos vendados. En la mayoría de los casos, la falta de orientación financiera desde la escuela, los padres y los abuelos contribuían a este ciclo. Con el 'Mapa del Dinero JL' ya no sentirás que has perdido el control de tus finanzas personales, sino la seguridad financiera ya que este proporciona la claridad necesaria para entender lo que está sucediendo con tu dinero y cómo tomar el control sobre tus finanzas.

Un mapa tiene la función de ayudarnos a localizar lugares y nunca perdernos. El 'Mapa del Dinero JL' cumple una función similar, al ayudarnos a ubicar nuestro dinero desde el momento en que entra en nuestra cuenta bancaria. Dividimos sus funciones en categorías específicas, lo que nos permite asignar cantidades a cada una para alcanzar nuestros objetivos. Mantenemos el control en todo momento, sirviendo tanto a nuestros necesidades como a nuestros deseos. Además, nos guía para expresar nuestro agradecimiento a Dios a través de acciones caritativas con el 10%. También nos guía a ahorrar para enviarlo a invertir y brindándole la oportunidad de multiplicarse y retornar con más. Es esencial que todos diseñen su Mapa del Dinero JL para ver claramente las necesidades y deseos expresados en números, permitiéndoles tener un control total sobre su dinero. Este proceso requiere humildad, tanto de corazón como de mente, para estar dispuestos a admitir y aplicar estos principios por el bienestar financiero de uno mismo.

Tenía un cliente milenio que asistió a uno de mis eventos y después de mi presentación, participó en un debate intenso. Desestimó el 'Mapa del Dinero JL', diciendo: "No necesito esto, necesito más dinero. Más dinero me eliminará las presiones financieras; esto no funciona".

Le pregunté: "¿Explícame cómo más dinero te quitará las presiones financieras?".

Contestó: "Con más dinero, puedo gastar más y no tengo que preocuparme por límites de gasto. Esa es la verdadera libertad financiera".

"¿Así que crees que gastar sin límites eliminará las presiones financieras?" —pregunté.

"Sí, claro", respondió con confianza.

"Eso significa que también tendrás que crear una fuente ilimitada de ingresos, porque si cae 1 gota de agua en el vaso, pero tú quieres derramar con un vaso lleno, eso no tiene sentido. Porque ese hábito de gasto ilimitado requiere una fuente ilimitada de ingresos", le dije con una sonrisa.

"Sí, por eso quiero ser millonario", afirmó.

Le dije: "Me gusta tu actitud, pero déjame explicártelo de otra manera. Mientras tanto, no tienes ingresos ilimitados para disfrutar de ese hábito de gasto ilimitado. ¿Te ayudaría si revisar y ajustar tus ingresos limitados según tus necesidades y deseos? ¿Controlar tus gastos para que puedas ahorrar y crear más ingresos para enriquecerte? ¿Estás de acuerdo con eso?"

Sonrió convincentemente y abandonando su actitud.

Yo continué: "Todos quieren hacerse ricos, pero el primer paso es tener un diagnóstico sobre la situación financiera personal, el Mapa del Dinero JL facilita eso, sin saber tu Mapa del Dinero, ¿cómo sabrás qué hace tu dinero por ti y hacia dónde se dirige? Además, ser rico no garantiza que estés libre de presiones financieras. Permíteme mostrarte un ejemplo:

Hay dos hombres: el primero gana $1 millón y gasta $1.5 millones cada mes; el segundo gana $2,000 y gasta $1,000 cada mes. ¿Quién está en bancarrota?"

Contestó: "El primero, porque gasta más de lo que gana".

"Correcto. ¿Quién está endeudado?"

"El primero, porque tiene una deuda de $500,000 cada mes". Respondió.

"Correcto. ¿Quién es más probable a tener presiones financieras?"

"El primero, porque su deuda de $500,000 se acumula cada mes".

"Ahí está. Esto demuestra que incluso los ricos pueden tener presiones financieras si no organizan su dinero y toman el control sobre sus finanzas. El mal hábito de gasto del primer hombre significa que está dejando que esa gran cantidad de dinero lo controle".

"¡Tiene sentido!". Respondió convincentemente.

"¿Ahora ves que ganar más dinero no elimina las presiones financieras, pero comprender tu situación financiera puede ayudarte a organizar tu dinero, tomar el control y estar libre de presiones financieras?".

Respondió: "Sí, tiene sentido".

"¿Quieres diseñar tu Mapa del Dinero JL?" le pregunté.

Con una sonrisa, me dijo: "Eres convincente. Lo haré y me convertiré en millonario".

"¡Bravo! ¡Buena actitud! ¡Hazte rico pronto, gran jefe!" dije mientras le estrechaba su mano para finalizar la reunión.

El debate sobre la 'cuenta de Dios' en el Mapa del Dinero JL

Muchas personas pueden tener diferentes opiniones sobre el diezmo. He escuchado a los asistentes a mis eventos debatir sobre la cuenta bancaria para ahorrar el 10% de sus ingresos mensuales para Dios. Algunos incluso me han dado un apodo gracioso, 'la recaudadora de impuestos de Dios'. Al final del día, es su libre albedrío el que decide. Ese 10% puede convertirse en un recurso financiero poderoso para obrar milagros en la vida de muchas personas.

Inicialmente, pensé que era yo quien bendecía a los demás con mi diezmos, pero al notar todo el favor y la bendición del cielo en mi vida, me di cuenta de que era yo quien estaba siendo bendecida. Entendí verdaderamente la frase cuando nuestros Señor Jesús Cristo dijo: "Más bienaventurado es dar que recibir". Tender la mano a los necesitados nos llena de alegría y enriquece nuestro espíritu y nos trae muchas bendiciones en la vida. Al final, nuestro tiempo en la Tierra es limitado. Cuando partimos, no nos llevamos nada de las cosas materiales con nosotros; solamente llevamos las experiencias y el carácter que hemos desarrollado, y el amor que hemos dado y recibido de los demás. Eso es lo que da sentido a nuestra alma cuando dejamos nuestro cuerpo físico.

¿Por qué todo el mundo debería aplicar el Mapa del Dinero JL?

Por lo general, la gente tiende a evitar hablar sobre dinero y finanzas, principalmente porque no comprenden cómo funciona el dinero. La mayoría experimenta presión financiera en su vida debido a que no entienden que, cuando se trata de dinero, solo existen dos opciones: o administras tu dinero o tu dinero te administra a ti.

No sé si hay alguien en la tierra que haya visto a más personas arruinarse financieramente que yo. Como sierva de Dios, mi corazón está dispuesto a dar y servir, y naturalmente, cuando una persona sufre bajo presión financiera, acude a Dios pidiendo ayuda, y parece que en la mayoría de los casos, Dios me las envía. He estado sirviendo a Dios en el ámbito de las finanzas, ofreciendo soluciones financieras al pueblo de Dios. He aprendido mucho sobre el comportamiento humano en relación con el dinero, y sobre su terquedad cuando se les ofrecen soluciones que simplemente no están dispuestos a aplicar hasta que las situaciones empeoran. Cuando se encuentran en una crisis financiera, entonces me llaman para decirme que ahora están aplicando, paso a paso, todas las soluciones financieras que les sugerí. Tengo innumerables ejemplos de estos casos típicos.

Un gran ejemplo de esto fue el caso de un hombre llamado A.L., cuya historia puede servir de lección de vida para muchas personas. Durante 8 años, A.L. fue presidente de una institución gubernamental, disfrutando de un alto salario y numerosos beneficios económicos. Su esposa también trabajaba para el gobierno, percibiendo un salario igualmente generoso. Juntos, tenían 2 hijos que todavía estaban en la escuela secundaria. Durante esos años de prosperidad, todos los ingresos que recibían se gastaban en comida, ropa, autos, la casa, la educación de los hijos, dispositivos electrónicos, vacaciones de lujo, etc. Familiares y amigos los admiraban por su lujoso estilo de vida. Sin embargo, había un grave problema: no tenían ningún ahorro ni inversión.

Hoy, 9 años después, A.L tiene 52 años y enfrenta una tremenda presión financiera. Sin trabajo ni ingresos, está lidiando con dos deudas hipotecarias, ha pasado por un divorcio, no puede costear la manutención de sus hijos y su ex esposa lo está demandando. Además, todas las relaciones que cultivó durante su época de prosperidad lo han abandonado.

Se encuentra en un callejón sin salida financiera, y la única persona a la que puede recurrir es a Dios en busca de una solución. Fue entonces cuando Dios me lo envió.

Al enterarse del Mapa del Dinero JL, se dio cuenta de que, si lo hubiera aplicado durante los 8 años de su época de prosperidad, hoy habría logrado convertirse en un hombre rico con diversas fuentes de ingresos. En ese caso, incluso sin tener un empleo actualmente, seguirían llegando ingresos provenientes de diferentes inversiones.

Le sugerí una solución financiera después de realizar el diagnóstico de su situación. Sin embargo, A.L. no ejecutó las soluciones financiera que le sugerí. Medio año después, se puso en contacto conmigo y me confesó que finalmente se había dado cuenta de que todas las soluciones financieras que le había proporcionado eran su mejor opción. Lamentaba no haberlas aplicado en el momento adecuado.

Ahora se encuentra en una situación desesperada: los bancos están persiguiendo por deudas de tarjetas de crédito y préstamos, su ex esposa lo demanda por la manutención de los hijos, y durante los últimos 6 meses había trabajado como conductor de Uber a tiempo completo sin ganar lo suficiente para cubrir la manutención mensual de sus hijos. Bajo una presión financiera abrumadora, clamó a Dios por ayuda y Él le recordó los consejos financieros que le había dado a través de mi persona. Ahora, ya está aplicando paso a paso todas esas soluciones financieras y trabajando para alcanzar su verdadera libertad financiera.

¿Qué podemos aprender del caso A.L.? Si sigues gastando todo lo que ganas sin tener ahorros ni inversiones, podrías terminar enfrentando presión financiera como él. Para evitar caer en una situación similar de callejón sin salida financiero, la solución es aplicar el Mapa del Dinero JL y tomar el control de tus finanzas. La claridad es poder. Cuando decides administrar tus finanzas personales, puedes vivir libre de presión financiera y disfrutar de una vida tranquila.

He probado y puesto en práctica el 'Mapa del Dinero JL' con muchos clientes, y ha funcionado maravillosamente. Les ha ayudado a visualizar su sistema financiero personal, recuperar el control sobre su dinero, controlar sus hábitos de gasto y establecer un sistema financiero personal bien organizado que les ha permitido crecer financieramente y liberarse de la presión financiera.

Creo firmemente que este sistema debería estudiarse y aplicarse en todo el mundo para que las personas puedan visualizar claramente su Mapa del Dinero JL, recuperar el control sobre su dinero y liberarse de las presiones financieras en la vida. Puedo afirmar con certeza que cualquier persona que aplique este sistema con disciplina estará libre de las presiones financieras.

Al rastrear tu Mapa del Dinero JL, sabrás qué rutas toma tu dinero, manteniendo tus finanzas bajo control. Tu dinero se vuelve impotente ante ti, actuando como un sirviente que obedece tus instrucciones para alcanzar tus metas de vida. Este poder sobre tus finanzas se llama 'Dominio sobre el Dinero'.

Ahora eres el comandante; tu dinero es tu sirviente, trabajando para cumplir tus objetivos financieros.

Además, cabe mencionar que el Mapa del Dinero JL aportará un cambio significativo en tus finanzas personales, permitiéndote ver con claridad toda tu situación financiera en los siguientes puntos:

- Tendrás un control absoluto sobre tu dinero.
- Podrás ver y establecer claramente tus Gastos Fijos y Gastos Variables.
- Todas tus finanzas personales en una sola imagen.
- Será fácil entender tu flujo de caja personal.
- Te ayudará a crear un plan de ahorros y a alcanzar metas financieras en la vida.
- Te ayudará a organizarte y a evitar deudas y crisis financieras.
- Te ayudará a darte cuenta de que puedes tener más que suficiente si lo gestionas en lugar de dejar que te gestione a ti.
- ¡La claridad sobre tu dinero es poder! Te liberará de la presión financiera.

El Mapa del dinero JL para propietarios de negocios

Como consultor de negocios para emprendedores, mi labor consiste en capacitar a los propietarios de negocios para ayudarles a tomar decisiones administrativas y expansiones basadas en su situación financiera. Sin embargo, no todos los propietarios de negocios comprenden completamente los estados financieros. A pesar de trabajar arduamente para hacer crecer sus negocios, a menudo se encuentran desorganizados cuando se trata de la gestión de ingresos.

Uno de los errores más comunes que cometían era olvidarse de pagarse a sí mismos un salario cuando les preguntaba cuánto ganaban. Por lo general, trataban de argumentar que no eran empleados, sino dueños de un negocio. Les expliqué que, dado que ellos dirigían sus negocios, financieramente hablando, tienen 2 beneficios: beneficio como empleados y beneficio como dueños de negocios. Por lo tanto, deben pagarse a sí mismos como lo hacen con sus empleados.

Cuando les explicaba sobre la cuenta de Dios para negocios y finanzas personales, les decía que debían apartar el 10% de sus salarios y otro 10% de los ingresos de sus negocios antes de impuestos. Siempre debatían conmigo sobre esto y algunos incluso hacían bromas con una actitud divertida: '¿Eres la recaudadora de impuestos de Dios o qué? Me estás quitando el 10% de mis sueldos y ahora otro 10% de los ingresos de mi empresa antes de impuestos. ¡Esto es increíble!' Siempre me reía y dejaba que su libre albedrío tomara el control, porque he aprendido a disfrutar de sus quejas. También me alegraba ver cómo sus negocios prosperaban y se elevaban a un nivel más alto después de que comenzaban a apartar el 10% de los ingresos de sus negocios para Dios. Después de eso, felizmente apartaban el 10% de sus salarios para los servicios de Dios.

Este es el diagrama que utilizo para explicar el Estado de Resultados a los dueños de negocios:

Cualquier empresa con fines de lucro es una persona jurídica. Para que esta persona jurídica siga prosperando y expandiéndose, la contribución del 10% del diezmo de esa persona jurídica contribuye a su propio crecimiento y expansión. Es importante que los propietarios de negocios comprendan la diferencia entre lo que corresponde a ellos mismos como personas naturales y lo que corresponde a sus negocios como personas jurídicas.

Antes de crear el 'Mapa del Dinero JL', tuve un problema que llamaba 'demasiada generosidad', ya que estaba donando entre el 40% y el 90% de los ingresos netos de mis negocios a las personas necesitadas; el deseo de servir a los demás era como un fuego ardiente en mi corazón. Pensé que al exceder el 10% agradaría más a Dios, y creí que haciéndolo así, Él resolvería todos los demás problemas de mi vida, pero me equivoqué.

Ahora, he aprendido a dar la cantidad correcta como se indica en el 'Mapa del Dinero JL'. Aprendí una valiosa lección sobre el tema de los diezmos, y pasé por una situación muy difícil financieramente. Lo descubrirás en los próximos capítulos de este libro. Después de donar casi todas mis posesiones: mi casa, negocios, mi ropa, joyas..., entendí que Dios quiere que estemos organizados financieramente y que tomemos el control de nuestras finanzas. Somos responsables de nuestras decisiones, acciones y emociones. Lo que aprendí contribuyó a una base de conocimientos fundamental para escribir este libro con valiosos conocimientos y experiencias, y no dudo que este libro aportará al pueblo de Dios de manera muy positiva en aspectos financieros y espiritual.

El 'Mapa del Dinero JL' te ayuda a tomar el control de tus finanzas y atrae bendiciones a tu vida. Hombres y mujeres de negocios deben aplicar el 'Mapa del Dinero JL' para apartar el 10% de los ingresos de sus empresas como diezmos. Si no asistes a la Iglesia, puedes destinar esa cantidad a fines de caridad de una manera efectiva, como mencioné antes.

¿Por qué invertir es esencial para generar verdadera prosperidad?

Cuando aplicas el Mapa del Dinero JL, tu cuenta de ahorros sigue creciendo mes tras mes. Sin embargo, es importante tener en cuenta que si continúas guardando ese dinero en el banco, su valor disminuirá con el tiempo debido a la inflación. La inflación es el resultado de un aumento en la oferta de dinero en circulación, lo que genera un exceso de dinero persiguiendo los mismos o menos bienes, provocando un aumento en los precios.

Los gobiernos pueden recurrir a la impresión de dinero para gestionar la deuda, estimular el crecimiento económico o hacer frente a crisis financieras. No obstante, la impresión excesiva o incontrolada de dinero puede conducir a la hiperinflación, lo que erosionaría el valor de la moneda de un país y afectaría negativamente su poder adquisitivo. Por lo tanto, guardar el dinero en el banco no es una solución sostenible debido a la pérdida de valor causada por la inflación. La mejor alternativa es invertir tu dinero y crear diversas fuentes de ingresos. Esta es la clave para construir verdadera riqueza.

Administrar tu dinero es similar a administrar los granos de frijoles. Por ejemplo, si recibes 10 kilos de frijoles, tienes solamente tres opciones: comerlos, guardarlos para el futuro o sembrarlos. Si consumes todo de una vez, pronto te quedarás sin nada; si comes una parte y guardas otra, también acabarás consumiendo la parte guardada. Sin embargo, si combinas estas tres opciones y consumes 3 kilos, guardas otros 3 kilos y siembras 4 kilos, entonces la siembra generará una cosecha de otros 10 kilos o incluso más. De esa manera, puedes consumir una parte, guardar otra para el futuro y sembrar otra parte, y así nunca te quedarás sin frijoles, porque la siembra es lo que genera un flujo constante de ingresos. Del mismo modo, cuando recibes dinero, también tienes tres opciones: gastarlo, ahorrarlo o invertirlo. Invertir es equivalente a sembrar; es la única manera de generar ingresos constantes sin correr el riesgo de quedarte sin dinero.

A la hora de invertir, te recomiendo investigar antes de tomar decisiones. Existen diversos productos de inversión y cada persona tiene sus preferencias. Sin embargo, es crucial recordar siempre diversificar tus inversiones para no concentrar todo el riesgo en un solo lugar. Si invierte en la bolsa de valor, para evitar riesgos asociados con las acciones individuales, considera un fondo indexado como el S&P500. Este tipo de fondo suele ofrecer una rentabilidad promedio anual entre el 10% y 11%, pero debes tener en cuenta la inflación, que aproximado el 3%. Esto significa que la tasa de rendimiento real probablemente fluctúe entre el 7% y el 8% anual.

Por ejemplo, supongamos que tienes $500 en tu cuenta de ahorros y deseas comenzar a invertir en el S&P500. Para ello, deberás abrir una cuenta de corretaje y realizar una inversión inicial de $500. A partir de ese momento, mensualmente transferirás dinero desde tu cuenta de ahorros a tu cuenta de inversión. Digamos que decides enviar $500 cada mes a tu cuenta de inversión. Con una tasa de retorno del 11%, después de 30 años, podrías convertirte en millonario. Invertiste en total: $180,500 y ganancia en 30 años es de $1.2 millones. Utiliza la calculadora de interés compuesto, puedes calcularlo de la siguiente manera:

Puedes descargar una calculadora de interés compuesto y experimentar con la cantidad que deseas invertir y el plazo de la inversión. Esto te dará una idea de lo sencillo que puede ser acumular riqueza utilizando tu cuenta de ahorros mediante decisiones de inversión inteligentes. Lo que quiero enfatizar es que cuanto antes comiences, mejor será, ya que el interés compuesto, como se ilustra en el ejemplo anterior, te beneficiará más a largo plazo. Por lo tanto, mientras más tiempo le des a tu inversión para crecer, más riqueza acumularás en tu vida. Por ejemplo, si comienzas a invertir a los 18 años, podrías convertirte en millonario a los 48 años. ¡No está nada mal!

Es crucial que cada persona aprenda a invertir, ya que esto es fundamental para generar verdadera prosperidad. Invertir implica poner tu dinero a trabajar para ti y multiplicarlo. Cuando inviertes, no necesitas hacer nada activamente, pero puedes seguir recibiendo ingresos a través del crecimiento de tu cartera de inversiones. Por lo tanto, desde una edad temprana, es importante comenzar a aprender a invertir y destinar parte de los ingresos mensuales a inversiones sin dejar de trabajar. Este enfoque permite maximizar las fuentes de ingresos a lo largo del tiempo, lo que a su vez genera riqueza. Incluso si llega el momento en que decidan dejar de trabajar, seguirán teniendo ingresos de sus inversiones.

Por otro lado, si alguien no aprende a invertir a lo largo de su vida y simplemente se limita a trabajar, intercambiando tiempo y esfuerzo por dinero, estará en riesgo si algo sucede, como perder su capacidad para trabajar o perder su empleo.

En tal situación, esa persona se encontrará estancada, sin ingresos, y aunque pueda tener dinero ahorrado en el banco, eventualmente se agotará. Aprender a invertir proporciona una perspectiva a largo plazo para garantizar un flujo constante de ingresos, incluso cuando no se está trabajando activamente.

Aprender a invertir no es difícil; en plataformas como YouTube, encontrarás información básica y avanzada de forma gratuita para iniciarte en el mundo de las inversiones. También existen cursos que te enseñan a invertir por precios muy accesibles, desde $10 hasta $15, lo cual definitivamente vale la pena para enriquecer tus conocimientos en el mundo de las inversiones. Después de adquirir conocimientos sobre el tema, también puedes consultar a un experto antes de tomar decisiones de inversión. A pesar de las opiniones de los expertos, la decisión final siempre depende de ti. Aprender a invertir sabiamente será beneficioso a lo largo de tu vida, ya que recuerda que tú eres la única persona responsable de hacer crecer tu dinero.

Es muy común ver en las redes sociales hoy en día a personas que promueven formas rápidas de generar riqueza, pero la mayoría de ellas solo buscan vender productos financieros para su propio beneficio económico. Debes aprender a invertir como un niño que empieza a gatear por el suelo, luego a caminar y a correr. No hay excusas, ya que la abundancia en la vida requiere habilidades y acción. Si no aprendes eso, incluso si ganas una lotería de $1 millón, terminarás siendo pobre en poco tiempo.

Recuerda siempre que es tu dinero, y que tú asumes el 100% de la responsabilidad de tus decisiones de inversión. El millonario e inversionista Warren Buffett dijo: 'La primera regla de una inversión es no perder dinero. Y la segunda regla de una inversión es no olvidar la primera regla. Y esas son todas las reglas que existen'. Así de sencillo y claro. Cuando inviertas y diversifiques, incluso ganar $1 es una ganancia, porque lo único que tienes que hacer es no perder ningún $ de tu dinero. Para lograr esto, debes estudiar, investigar y tener confianza emocional en la opción en la que quieras invertir tu dinero. Puedo mostrarte las opciones disponibles, pero la decisión final la tomarás tú mismo. Por lo tanto, es fundamental que tomes el tiempo necesario para analizar y crear un plan de inversión personal antes de tomar cualquier decisión.

Explicando el Mapa del Dinero JL en mi oficina

Área oficinas de JLC

Mi oficina, donde recibo a los clientes y los entreno en el Mapa de Dinero de JL

El Lobby de Jasmine Ly Consulting y el Hotel LOTUS by Jasmine Ly

Al lado de mi escritorio

2

La Ley de la Prosperidad Divina Sobrenatural

Dios es Ley; estableció límites y normas en la Biblia como el manual de vida. Todos los creyentes somos el cuerpo de Cristo en la Tierra, viviendo no solo en carne sino también en espíritu. Estamos llamados a someternos tanto a la ley terrenal como a la celestial. Jesús respondió a la pregunta sobre los impuestos diciendo: *'Devuelve al César lo que es del César, y a Dios lo que es de Dios'*. A menudo, nos esforzamos por cumplir con nuestras obligaciones terrenales, como los impuestos, pero a menudo dudamos cuando se trata de devolver a Dios el diezmo con transparencia y honestidad.

La razón por la que nadie escapa de los impuestos gubernamentales es porque la ley terrenal nos obliga a obedecerla; de lo contrario, enfrentamos consecuencias graves, como sanciones económicas o incluso prisión. De manera similar, Dios tiene su ley, y también hay consecuencias por no someternos a ella. Sin embargo, el Amor Divino de Dios para sus hijos se refleja en el regalo precioso del libre albedrío. El diezmo, establecido como un 'impuesto celestial', depende de nuestra propia voluntad para dar a Dios lo que le corresponde.

La razón principal por la cual la mayoría de los creyentes enfrentan dificultades financieras es porque evadimos el "Impuesto Celestial". Cuando nos encontramos en necesidades financieras, recurrimos a Dios, lloramos, pedimos ayuda y nos quejamos de por qué, siendo buenos cristianos, estamos endeudados y enfrentando carencias y presiones financieras. En realidad, estas dificultades pueden ser el resultado de no cumplir con nuestra responsabilidad de dar el diezmo, un aspecto fundamental de nuestra relación con Dios y nuestra prosperidad financiera. La Ley de la prosperidad divina sobrenatural Dios estableció en Malaquías 3:10

"Traigan la cantidad total de sus diezmos al Templo, para que haya comida en abundancia allí. Pruébenme en esto —dice el Señor Todopoderoso—, y vean si no abro las compuertas del cielo y derramo sobre ustedes bendición hasta que sobreabunde."

Todos los cristianos queremos disfrutar de las finanzas sobrenaturales y esperamos que Dios haga milagros financieros para nuestra vida. Imagínate, estamos tocando y empujando la puerta que contiene la Prosperidad Divina para nuestra vida, sin saber que tenemos la llave en nuestra mano para abrir esa puerta y caminar directamente hacia la Prosperidad Divina que nos pertenece, y esa llave es el 10% de nuestros ingresos mensuales como diezmos con Transparencia y Honestidad a Dios.

Nuestro cuerpo es el templo del Espíritu Santo, somos la Iglesia de estos últimos días. Por lo tanto, para tener acceso a la Prosperidad Divina Sobrenatural, debemos someternos a la Ley de Dios sobre las Finanzas Sobrenaturales. Esto implica apartar el 10% de nuestros ingresos mensuales como diezmos y utilizarlo para obras de caridad en nuestra comunidad. Podemos canalizar este dinero para ayudar a personas sin hogar, animales abandonados, amigos o familiares en dificultades financieras, hogares de huérfanos, niños enfermos y otras necesidades urgentes. También podemos contribuir a nuestra iglesia local si sentimos que es donde Dios nos guía a poner nuestros diezmos. Al hacerlo, no solo estamos obedeciendo la Ley Divina, sino que también estamos extendiendo el amor y la compasión de Dios a aquellos que lo necesitan.

Al entender que el 10% pertenece a Dios y que simplemente estamos administrándolo en su nombre, es crucial buscar la dirección divina sobre cómo distribuir ese dinero. En nuestras oraciones, podemos preguntarle a Dios, a quién deberíamos dar ese diezmo, y confiar en que él nos dará discernimiento espiritual para saber cómo usarlo de manera efectiva. A veces, Dios puede dirigirnos a destinar el diezmo de manera diferente en diferentes momentos, según su voluntad y propósito en nuestras vidas.

Hay innumerables ocasiones en las que Dios me guio a usar mi 10% para realizar milagros financieros en la vida de extraños y personas conocidas. Sin embargo, hay una ocasión extraordinaria que permanece grabado en mi memoria, fue cuando recibir un ingreso de 50,000 dólares, no separé el diezmo inmediatamente debido a mi agenda apretada. Pero unas semanas más tarde, mientras estaba en mi escritorio, sentí un fuerte impulso de orar, me levanté, me arrodillé y oré después de 15 minutos de oración, el Espíritu Santo me habló suavemente diciéndome que hiciera milagros financieros para 2 familias, indicándome que depositara $2000 a una y $3000 a otra. Hice los cálculos en mi mente y me di cuenta de que era el 10% exacto de los $50,000. Con una sonrisa en el rostro, contacté a las familias para obtener sus detalles bancarios y realicé los depósitos correspondientes.

La madre de familia recibió los $2000 me llamó, apenas podía hablar debido a las lágrimas de alegría que inundaban. Me contó entre sollozos que habían perdido sus empleos hacía 2 meses y que ese día no tenían dinero para el almuerzo. En un momento desesperado, se arrodilló en la mesa del comedor y clamó a Dios entre lágrimas, pidiendo alimentación. Justo en ese momento recibió mi llamada ofreciendo apoyo financiero. Un increíble milagro financiero de Dios llegó su familia. Escuchándola, pude sentí la alegría y el fortalecimiento de su Fe en Dios. La alegría que sentí en ese momento no tuvo precio.

La segunda familia, que recibió los $3000, me reveló que era la cantidad exacta que necesitaban para resolver una demanda legal que amenazaba con enviar a su hijo a la cárcel. Fue Dios quien realizó ese milagro, y Él eligió usarme, para que pudiera vivir en un momento de alegría y felicidad, por saber que el acto de obediencia trajo recompensa para mí al tener acceso al regalo de la alegría, que duró días en mi corazón cada vez que recuerdo cómo Dios realizó esos milagros financieros para esas 2 familias. A veces es indescriptible lo bien que se siente ser el instrumento de Dios en la vida de las personas.

En algunas ocasiones, Dios me ha dirigido a diezmar a las iglesias recién establecidas en pueblos distantes que necesitan apoyo financiero para completar la construcción de su templo. Otras veces, al enterarme de personas que enfrentaban dificultades financieras significativas, pedía la dirección de Dios y sentía en mi corazón que debía usar mi diezmo para bendecirlos. En cada una de estas ocasiones, experimenté la guía clara y amorosa de Dios, recordándome la importancia de compartir mis recursos para ayudar a los demás.

Es realmente Dios quien decide cómo quiere usar el 10% de tu contribución, pero ten cuidado de no cometer errores al preguntarle a un ser humano dónde debes enviar ese 10%, siempre asegúrate de preguntar solo a Dios, porque tú eres el cuerpo de Cristo en la tierra, tu cuerpo es el templo del Espíritu Santo, debes liberarte de la manipulación religiosa para que Dios pueda usarte libremente. Si estuviera sometido a cierta religión, entonces Jesús nunca podría usarme para realizar ningún milagro financiero para nadie, porque simplemente obedecería lo que mis líderes religiosos me dicen que haga, y simplemente enviaría mi 10% a la iglesia mensualmente. Sería inútil para el movimiento de Jesús cuando me someto a doctrinas hechas por el hombre y me centro en obedecer a mis líderes religiosos.

Muchas religiones intentaron imponerme su doctrina hecha por el hombre y esperaban que obedeciera todas sus reglas. En innumerables ocasiones, me encontré en situaciones donde pastores, ministros y sacerdotes intentaban convertirme en sus seguidores, sin comprender mi verdadero llamado. Soy la oveja de Jesús; recibo mandamientos e instrucciones directamente de Él. Pagué un alto precio por esta convicción. Si lees mi primer libro **'Es Pecado ser Pobre'**, descubrirás el momento en que renuncié a todas mis pertenencias materiales: casa, negocios, joyas y ropa, para seguir a Jesús. Fue una prueba que no todos pueden pasar. Lo que más me enorgullece de mí misma es haber pasado esa prueba específica. Cada lucha, humillación y rechazo que he experimentado ha sido como añadir un bloque a la construcción de mi carácter y personalidad, todo los necesarios para cumplir con la voluntad de Dios para mí. Al operar fuera de la manipulación religiosa y de las limitaciones que impone los líderes religiosos sobre sus seguidores, Dios me usa libremente como un instrumento secreto y especial cada vez que me necesita.

Muchas personas me han compartido que sus líderes religiosos les enseñaron que el diezmo debe ser entregado únicamente a la iglesia y que solo los líderes de la misma pueden manejar esos fondos. Mi amigo, un joven pastor de 32 años, ha debatido conmigo vehemente, argumentando que el propósito del diezmo es exclusivamente para expandir los ministerios de Dios y que no estoy diezmando correctamente al dárselo mi diezmo a los pobres o a las personas que enfrentan dificultades financieras. Me alentó a diezmar únicamente a la iglesia y a permitir que los líderes religiosos determinen la distribución de eses fondos. Llevé este asunto a mi oración, buscando discernimiento y claridad de parte de Jesús. Lo que el Espíritu Santo me reveló también lo sorprendió a mi amigo: 'No encasilles a Dios', esas fueron las palabras del Espíritu Santos de Dios.

Sin embargo, para obtener claridad sobre el punto de vista de mi amigo, le hice muchas preguntas como las siguientes: "¿Qué pasa si los líderes de la iglesia cometen errores en administrar los diezmos y Dios no está contento con eso, crees que Dios continuará enviándoles diezmos y no hará nada al respecto? El diezmo es el activo de Dios, ¿por qué los líderes religiosos están limitando a Dios en cuanto a quién elige para administrar su activo?" Dios puede elegir a cualquiera para que administre sus bienes y realice milagros financieros para su pueblo. Lo que también significa que cualquier creyente está calificado para administrar su diezmo y usarlo de acuerdo con la guía de Dios.

Después de nuestra conversación, mi amigo pastor dejó de intentar convencerme de diezmar únicamente a la iglesia. En cambio, a menudo nos reunimos para participar en actividades benéficas para las comunidades. Nuestras perspectivas diferentes no nos han separado; más bien, han enriquecido nuestra comprensión de cómo Dios obra de manera única en la vida de cada persona, utilizando a su gente para diversos propósitos. Durante nuestra última misión de caridad, mi amigo rio y me recordó: "No olvides diezmar a la iglesia; la ofrenda sola no es suficiente". Yo respondí con una amplia sonrisa, señalando juguetonamente una caja de cartón cercana, diciendo: "No encajo en esa caja, así que deja de intentar meterme ahí". Nuestro intercambio provocó risas entre nosotros.

Cuando enseño el Mapa del Dinero JL, siempre animo a la gente a preguntarle a Dios sobre cómo administrar los bienes de Dios y no a un ser humano. Confía en que Dios escucha tu petición y hablará a tus oídos internos o a tu corazón, y cualquier decisión que tomes que se sienta bien en tu corazón, es la guía Divina de Dios. No dejes que nadie te manipule sobre cómo debes administrar los bienes de Dios. Tu deber es obedecer a Dios y agradar solo a Dios; no pierdas el tiempo complaciendo a un ser humano, ya que podrías afectar en el cumplimiento de tu destino y llamado de Dios para tu vida.

Cuando diezmas con disciplina y constancia, verás que la promesa de Dios se cumple en tu vida, e incluso en tiempos de escasez tendrás más que suficiente, como se describe en el Salmo 37:19:

'No sufrirán cuando los tiempos sean malos; tendrán suficiente en tiempo de hambruna'.

A medida que siembras constantemente semillas de fe a través de tus diezmos, te posicionas para experimentar la abundante cosecha que Dios ha prometido. Esta asociación divina, construida sobre la base de la disciplina y la confianza, asegura que tu copa se desborde, no solo en tiempos de abundancia, sino especialmente en las temporadas de escasez. Tu compromiso con el diezmo se convierte en una fuente de fortaleza, un recordatorio de la fidelidad de Dios y un camino hacia la prosperidad duradera en todos los aspectos de tu vida.

El sistema de enseñanza de la Prosperidad Divina Sobrenatural

Claramente, Dios ha entregado a su pueblo la llave de su bienestar financiero a través de Malaquías 3:10. Sin embargo, surgen algunas preguntas: ¿Por qué no todos utilizan esta llave para abrir la puerta que contienen su prosperidad divina y acceder a ella? ¿Por qué muchos creyentes no se animan a usar este código de acceso para desbloquear la abundancia de riquezas y bendiciones en sus vidas? De hecho, estas interrogantes son similares a la cuestión de por qué no todos aceptan el regalo de la salvación de Jesús para recibir la vida eterna. Por eso, es tan importante predicar sobre la prosperidad divina sobrenatural que Dios tiene reservada para su pueblo. Este conocimiento les permite acceder al sistema económico celestial y liberarse de la manipulación del sistema económico terrenal, que los ha mantenido en la escasez y ha limitado su potencial para servir a Dios plenamente.

El enfoque en la predicación de la prosperidad divina sobrenatural está quedando relegado detrás de la predicación sobre el don de la salvación. Esta dinámica plantea un desafío tanto para los creyentes como para los líderes religiosos. Resulta difícil cuando los mismos líderes que solicitan diezmos y donaciones son aquellos que eventualmente manejarán o utilizarán ese dinero. No hay nada de malo en que los líderes religiosos pidan contribuciones, pero esta situación puede generar cierta incomodidad. Es posible que los líderes estén agotados de hacer continuamente estas solicitudes, y la gente también puede sentirse incómoda al ver a los mismos ministros que reciben el dinero, se hacen cargo de él y se hacen más ricos cada día, sigue pidiendo dinero. Para encontrar soluciones a los problemas, el primer paso es admitir que hay un problema. Por lo tanto, estos dos enfoques de predicación deben separarse para ayudar a los creyentes a utilizar plenamente esa clave del 10% con consistencia y honestidad hacia Dios.

Por ejemplo, cuando enseño a la gente sobre apartar el 10% de sus ingresos mensuales para Dios, animando la gente que haga con disciplina como una contribución fijo mensuales, yo no recibo ni me beneficio de ese dinero que les dan a Dios, porque soy empresaria e inversionista, mis ingresos provienen de mis negocios y mis inversiones. Por lo tanto, puedo enseñar, predicar y decir libremente la verdad de la Ley Económica Celestial sin poner a la gente en duda e incómoda, porque la gente está clara de que no estoy interesada en beneficiarme de su contribución 10% de diezmo. Por lado contrario, si un Pastor predica lo mismo que yo, es inevitable que la gente no sienta que el Pastor está tratando de tomar su dinero, y tampoco haga que el Pastor se vea tan piadoso cuando se enfoca en pedirle dinero a la gente. Porque lo que la gente quiere escuchar de un Pastor es la predicación del don de la salvación.

Por lo tanto, estos dos enfoques de predicación deben separarse para que funcionen de manera más efectiva. Dios me llamó a hablar sobre la Prosperidad Divina Sobrenatural, y el sistema de administración del dinero en este libro es de Dios. Estuve siendo guiado todo el tiempo para escribir este libro; hacerlo era la voluntad de Dios para mi vida. Estoy emocionada por ver cómo Dios me usará para ayudar a sus iglesias con este sistema de administración del dinero y para ayudar a su pueblo a tener acceso a la prosperidad divina que Dios tiene para ellos. El hecho de que yo lo haga también significa que los líderes de Dios no necesitan preocuparse por predicar las finanzas sobrenaturales o pedir a la gente diezmos y donaciones. Solo necesitan enfocarse en predicar el don de la salvación. Confío que Dios levantará muchas más personas como yo para hablar sobre este tema y capacitar a los creyentes para que tengan acceso al sistema económico celestial, para que puedan vivir en la promesa de Dios de abundancia de riquezas y todo tipo de bendiciones.

Todos los creyentes deben tener conocimiento sobre la ley de la prosperidad divina sobrenatural. Merecen saber que tienen la llave en sus manos para abrir la puerta que sostiene su Prosperidad Divina. Cuando la mayoría de los creyentes tengan este tipo de conocimiento, no evadían el diezmo celestial. Entonces habrá una transición de riqueza a manos de los creyentes en todo el mundo. Esto significa que ministros, pastores y predicadores también tendrán que aprender a administrar esos ingresos fiscales celestiales estrictamente de acuerdo con la voluntad de Dios.

3

Es nuestra Responsabilidad ser Prósperos en la Vida

He viajado por toda Honduras, de pueblo en pueblo, para servir a las personas necesitadas. Honduras es uno de los países más pobres y con los índices de violencia más altos del mundo. Tal vez esa fue la razón por la que Dios me trasladó desde Vietnam y me colocó en este país, con el propósito de que sirviera en el ámbito financiero a su pueblo. Seguí mi intuición y permití que Dios me guiara. Los fines de semana, viajaba a las aldeas pobres para identificar las necesidades de la gente. Destino el 40% de los ingresos netos de mis negocios para ayudar a las personas necesitadas.

Después de unos años, he aprendido mucho sobre las raíces de su situación.

El principal problema radicaba en la simplicidad de su pensamiento. Deseaban que el gobierno se hiciera cargo de sus vidas. Cualquier adversidad que enfrentaran, la culpaban al gobierno. Desde la falta de oportunidades laborales, de alimentos, de vivienda, de ropa, entre otros aspectos. Llegué a la conclusión de que las raíces de la pobreza económica provenían de la pobreza mental. La tarea más desafiante es inspirarlos a mentalmente salir de su zona de confort antes de que estén realmente dispuestos a tomar medidas para salir físicamente de su zona de confort. Como decía mi abuelo, la riqueza mental es el primer y más importante elemento para que todos los demás elementos se unan para el bien.

Durante muchos años, han surgido organizaciones en todo el mundo con el mismo propósito de aliviar la pobreza global. Sin embargo, este es un ciclo interminable si continuamos centrándonos en programas de alimentos para proporcionar sustento en lugar de concentrarnos en encontrar una solución sostenible que les enseñe a las personas a valerse por sí mismas. Es como el antiguo proverbio: en lugar de simplemente dar pescado, es crucial enseñar a pescar y proporcionar las herramientas necesarias para que las personas puedan empezar a pescar por sí mismas.

Los pobres necesitan ayuda para cultivar su riqueza mental y tomar las responsabilidades de su vida. Necesitan algo más que una simple asistencia alimentaria y provisiones básicas, ya que la caridad centrada únicamente en satisfacer necesidades inmediatas solo perpetúa su situación de pobreza y fomenta la dependencia. Lo que ellos necesitan es la educación financiera, acceso a recursos como libros y eventos inspiradores que los motiven a mentalmente salir de su zona de confort. Una vez que han fortalecido su mentalidad y confianza en sí mismos, podrán dar el gran paso de abandonar su situación actual. También necesitan ver ejemplos para seguir y ser tratados con dignidad, reconociendo su capacidad para alcanzar el éxito y la prosperidad.

Cuando visitamos a alguien enfermo, no importa cuán grave sea esa enfermedad, le escribimos una nota o le decimos: "Mejórate pronto". ¡Lo hacemos para transmitir Esperanza y nuestras acciones les dicen que la Salud les pertenece por su Derecho Divino! Entonces, ¿cómo es que no hacemos lo mismo cuando visitamos a los pobres?, ¿por qué no escribimos una nota y les decimos: "Hazte rico pronto" para transmitirles esperanza en medio de su pobreza? Por lo tanto, el tipo correcto de caridad debería ser inyectar esperanza e inspiraciones a las personas necesitadas y enseñarles educación financieras.

Tuve cero posibilidades de ser rico y exitoso. Sin embargo, fue la fe y la confianza en el llamado del Dios de lo imposible lo que me impulsó a dar el primer paso para salir de mi propio callejón sin salida. Cuando los sentimientos de humillación y depresión me abrumaban, sacudí las cenizas de la pobreza y me levanté por una sola razón: creía en el Dios de lo imposible. ¿Acaso Dios no nos ha demostrado lo suficiente a ti y a mí sobre su poder para convertir lo imposible en posible? Dividió el Mar Rojo, trajo agua al desierto, resucitó a los muertos... ¿Dudarías de su capacidad para sacarte de tu miseria, del círculo vicioso de la pobreza? ¿O de cualquier situación en la que te encuentres? No dudo ni siquiera un poco del poder de Dios. Ese fue un verdadero paso de fe que tomé con valentía. Todos necesitamos dar ese verdadero paso de fe, ya sea confiando en Dios, en nosotros mismos o en nuestra intuición. Este paso marca el inicio del viaje. En mi caso, Dios es mi guía; desde que lo encontré, no quiero actuar por mi cuenta. He aprendido a dejar de intentar liberarme por mí en cualquier situación, en su lugar, le pido a Dios que me libere, hago lo posible dentro mis capacidades y dejo lo imposible a Dios para que toda la gloria sea para Él. A veces, Dios no actúa de inmediato para sacarme de situaciones críticas, porque mediante situaciones de la vida, el me enseña y capacita para desenvolverme cada día con el objetivo de ser más útil para el reino del cielo. Si pides a Dios algo grande, el entrenamiento será más difícil. No debemos conformarnos con lo mediocre ni satisfacernos solo con las pequeñas cosas cuando tenemos la capacidad de disfrutar más, hacer más, lograr más y extender la mano para bendecir a otros. Es nuestro deber prosperar en la vida; somos responsables de nuestro bienestar mental, emocional, físico y financiero.

Dar excusas sobre la falta de oportunidades para enriquecerse no le ayuda, ya que las oportunidades nunca se le han negado a nadie. Las oportunidades simplemente pertenecen a aquellos que pueden reconocerlas. Viene con una fecha de vencimiento y si no actuamos a tiempo, se pierde. Si no has visto oportunidades en tu vida, es posible que tu mente aún esté ciega ante ellas, ya que las oportunidades solo pueden ser percibidas con la visión mental.

La sabiduría de Dios es fundamental para percibir las oportunidades en la vida. Lo que personalmente encontré efectivo fue reconocer que podría estar pasando por alto muchas buenas oportunidades, así que le pedí a Dios que me diera sabiduría y entendimiento para identificar oportunidades de generar riqueza. Me condujo a estudiar y aprender sobre dinero, negocios e inversiones. Dios también me sometió a pruebas para asegurarse de que me mantuviera humilde y le diera gloria en todo lo que lograra. Pero, sobre todo, me puso a prueba para ver si elegiría dinero sobre Él o Él sobre dinero. Pasé la prueba más difícil cuando doné todas mis posesiones materiales para seguirlo. Fue un paso de fe, renunciando a todo lo que tenía en aquel momento a cambio de tener a Jesús en mi vida. Sabía que Dios se sintió orgulloso de mí y continuaré glorificando Su nombre a través de cada logro en mi vida.

Vivir mentalmente en la Prosperidad antes de que se manifieste en la realidad

Cuando quieras volverte rico, primero debes entrenarte para vivir la verdadera riqueza en tu mente. No se trata de perseguir el dinero, sino de atraerlo hacia ti mediante la generación de una mentalidad de prosperidad. El primer paso es aceptar la idea de que tienes el derecho divino de vivir en abundancia y prosperidad, y luego mantener firmemente esa convicción, ignorando cualquier argumento en contrario. Si puedes rechazar cualquier pensamiento de escasez en tu vida, entonces estás cultivando la verdadera riqueza en tu mente. Cuando logras esto, atraes naturalmente la riqueza hacia ti y las oportunidades comienzan a abrirse de manera significativa.

La mayoría de las personas luchan por tener lo suficiente para adquirir libremente las cosas que necesitan, pero hay quienes elogian la pobreza. Si bien el dinero puede comprar la felicidad hasta cierto punto, ya que la felicidad es un momento que cualquiera puede experimentar, independientemente de su situación financiera, el deseo de enriquecerse proviene de un estado mental particular. Solo aquellos que han superado mentalmente su zona de confort se atreve a aspirar a la riqueza. Cuando uno comprende que tiene el derecho divino de ser rico, su mente naturalmente le revela la posibilidad de la abundancia y la capacidad de acumular riquezas latentes. En ese momento, las oportunidades para obtener riqueza comienzan a revelarse frente a sus ojos.

Tú eres el creador de tu propia realidad. Todo comienza en tu mente, luego inspiras a tu cuerpo a actuar, y posteriormente, tu determinación y autodisciplina te llevan a cosechar el éxito de tu trabajo. ¡Tienes la capacidad de crear una vida hermosa para ti mismo! Tu vida hermosa se forma a partir de hermosos pensamientos, palabras, emociones y acciones. Entonces, para que todo sea hermoso, debes enfocarte en la belleza en todas partes.

Si puedes negar la existencia del mal en tu vida, entonces vivirás una vida libre de él en tu propio mundo. Si declaras que a tu alrededor solo hay bondad, paz, armonía, amor, luz, salud, riqueza y éxito, entonces eso será cierto para tu mente subconsciente, ya que esta no opera en el mundo físico. Puedes crear tu propio cielo en la tierra viviendo una vida libre de maldad y dolor. En otras palabras, puedes crear una vida hermosa al negar la existencia de cualquier cosa que se oponga a la belleza en tu vida. Tu imaginación y pensamientos pueden llevarte al éxito y a una vida plena. ¿No es maravilloso?

Es importante alimentar tu mente subconsciente con las cosas que deseas tener porque esta funciona como un banco de memoria enorme con capacidad prácticamente ilimitada. Almacena permanentemente todas tus experiencias y es subjetiva, no piensa ni razona por sí misma, simplemente obedece las órdenes que recibe de tu mente consciente. Tu mente consciente da las órdenes y tu mente subconsciente las ejecuta. La función de tu mente subconsciente es almacenar y recuperar datos, asegurándose de que respondas de acuerdo con tu programación. Todo lo que dices se ajusta a un patrón coherente con tu autoconcepto. Por lo tanto, si constantemente piensas y sientes que eres digno de ser rico, tu mente subconsciente lo acepta como verdad y te impulsa a actuar en consecuencia, atrayendo la riqueza hacia ti.

Si todavía te experimenta la falta de los recursos financieros, es porque aún no has descubierto la tremenda capacidad que tienes para crear riqueza y atraer prosperidad a tu vida. Ese poder ya está dentro de ti, pero está dormido y necesita ser despertado. Todo lo que recibes proviene de dentro de ti porque atraes lo que eres. La forma en que te sientes y piensas acerca de ti mismo determina el resultado de todo lo que haces en la vida.

Si puedes sentir y pensar que eres una persona rica, entonces la riqueza vendrá hacia ti. Tu mente subconsciente capta esa vibración de que eres una persona rica, y tu mente subconsciente se alimenta de lo que le das. No sabe nada sobre tu situación material. Cuando pensar y sentir que eres rico, tu mente subconsciente lo convertirá en realidad y atraerá solo oportunidades y riqueza hacia ti. Pensar y sentir que eres rico incluso cuando no tienes dinero, ¡eso es poderoso! Pensar y sentir lo que es la apariencia es fácil, pero pensar y sentir lo contrario de lo que es la apariencia, ¡eso es poder! A eso se le llama "Dominar la Mente" y "Dominar las Emociones". Si tú puedes lograr eso, el éxito llegará a ti.

Nadie puede hacerte rico simplemente dándote dinero. Recibir una gran suma sin el conocimiento de cómo administrarla a menudo conduce a gastos imprudentes, atrapándote en un ciclo de comodidad fugaz seguido de un rápido regreso a las dificultades financieras. Innumerables clientes con los que me he encontrado ejemplifican este escenario, con un caso notable siendo T.T., un chico de 33 años que perdió su trabajo durante la pandemia. Para apoyarlo, sus padres vendieron una propiedad y le dieron 100,000 dólares. Su falta de planificación financiera lo dejó vulnerable.

En lugar de invertir o ahorrar, T.T. se gastó esa suma de dinero en comidas, vacaciones extravagantes e intentos inútiles de impresionar a los demás. Cuando sus padres buscaron mi consejo financiero, T.T. había derrochado su ganancia inesperada y además se había acumulado deudas de tarjetas de créditos, hasta la novia se había abandonado por la situación de escasez financiera que tenía. Reflexionando sobre sus errores, T.T. recurrió al Mapa del Dinero JL en busca de orientación, creando un plan para salvar sus finanzas y aprendiendo una valiosa lección en el proceso. Con lágrimas en los ojos, admitió: "Ojalá hubiera conocido el Mapa del Dinero JL antes de recibir ese dinero". Este momento de arrepentimiento marca el comienzo de su viaje hacia la riqueza divina y la sabiduría financiera.

Para crecer verdaderamente rico, necesitas una fuerte inspiración inyectada directamente en ti, que te hará levantarte como un ave fénix, sacudiendo las cenizas de la pobreza y dando a luz a una nueva versión de ti mismo. Estas poderosas inspiraciones despertarán el poder natural en ti para atraer riqueza y te ayudarán a salir mentalmente de la zona de confort. Poco después de eso, saldrás físicamente de tu zona de confort para obtener riqueza.

El mayor error que impide que las personas se hagan ricas en primer lugar es pensar que hacerse rico es algo imposible para ellos. Piensan que no hay suficiente dinero por ahí. Esa mentalidad es veneno para obtener riqueza. Para eliminar ese tipo de mentalidad, tendrás que abrir tu corazón para aceptar el Derecho Divino de enriquecerte proviene de Dios. Tienes el favor del Dios de lo imposible, él está esperando que te levantes de tu pobreza y proclames riqueza en tu vida. Dios es el Dios de la abundancia, hay suficiente riqueza para todos. No harás a nadie más pobre si eres rico. Tu victoria no es la pérdida de nadie. Dios es riqueza infinita. Debes entrenarte para ver en tu mente que hay montañas de oro y diamantes, esperando a quien quiera proclamarlo.

Otro error que comete la gente es malinterpretar cómo funciona el dinero. La gente piensa que el dinero va y viene, pero la verdad es que el dinero solo circula. Circula pasando de una persona a otra y así sucesivamente, hasta que circula de vuelta a ti. Siempre que uses dinero, no uses la palabra "gastar", sino la palabra "circular". Cuando algo se "gasta", se va, pero cuando algo circula, va de un lugar a otro y luego vuelve a ti. Si firmas con tu nombre en un billete y lo usas para comprar algo, pronto recibirás ese mismo billete de vuelta, porque el dinero circula a tu alrededor todo el tiempo. Practica la relación de buena energía con tu dinero cuando lo estés usando, diles que regresen, trayendo más amigos con números más grandes en el billete. Con esa actitud, construirás una buena energía con dinero cada vez que lo uses. Seguramente circulará, se multiplicará y volverá con más "amigos".

Otro error que comete la gente es elogiar la pobreza. Rechazan la riqueza porque piensan que los mantiene alejados de Dios. He conocido a un gran número de cristianos con este tipo de mentalidad. Rechazan el dinero hasta el punto de pensar que es pecaminoso tener más y que es pecaminoso que la gente disfrute de un estilo de vida lujoso. Niegan la riqueza y niegan vivir para el cuerpo, y solo se enfocan en la vida espiritual. Nosotros vivimos para el cuerpo, la mente y el alma. Ninguna de ellas es mejor ni más santa que la otra. Es como una mesa triangular con tres patas. El cuerpo, la mente y el alma representan las tres patas de la mesa, para mantener el equilibrio, la mesa debe tener las mismas tres patas. Si una de las patas es más corta que las otras, la mesa se cae. Nuestra responsabilidad es mantener un equilibrio en el cuerpo, la mente y el alma, y prestar la misma atención a los tres aspectos. Es erróneo vivir solo para el alma y negar el cuerpo y la mente, porque inmediatamente ocurrirá un desequilibrio y experimentaremos el colapso de diferentes maneras. Por lo tanto, no es correcto negar ninguna de las tres partes: cuerpo, mente y alma.

Cuando las personas luchan con la escasez, esa limitación causa estrés y genera inseguridades en su comportamiento. Para protegerse de esa inseguridad, es probable que alaben la pobreza y acusen a los ricos de pecadores. Están atrapados en un profundo sueño, incapaces de adquirir sus bienes con esa mentalidad. Este desequilibrio los lleva a luchar día a día, continuando, rogando a Dios que les dé el pan diarios. Niegan asumir toda la responsabilidad de su vida. ¿No sería cuestionable que un hombre adulto le dijera a su padre: "Está bien que yo sea pobre, porque tú eres el responsable de alimentarme, dame todo lo que necesito?" El padre se sentiría muy decepcionado. Naturalmente, los padres esperan que sus hijos asuman toda la responsabilidad de sus vidas al alcanzar la edad de independizarse. Entonces, ¿qué espera nuestro Padre Celestial de nosotros? Desde sus primeras páginas, la Biblia establece a Dios como el creador de la vida y nos dice que Dios busca obediencia, reverencia, fidelidad y responsabilidad por nuestras acciones. Por eso, Dios nos da el regalo del libre albedrío; somos el capitán del barco de nuestra vida, navegando a través del viaje de la vida. Dios siempre nos está observando y nos apoya cuando lo necesitamos. A menudo, enfrentamos a millones de decisiones, y la calidad de nuestras decisiones determinará la calidad de nuestra vida. Convertirse en próspero es una decisión de vida, y esa decisión nos lleva a aprender sobre el dinero y la inversión, y a ser hábiles en la creación de múltiples fuentes de ingresos para una vida abundante y llena de bendiciones. Somos responsables de nuestro bienestar financiero para poder mantener nuestro bienestar físico, emocional, mental y espiritual.

Cualquiera puede llegar a ser rico, y cualquiera puede llegar a ser pobre. La diferencia radica en la dificultad de cada camino. Para alcanzar la riqueza, uno debe salir de su zona de confort y tomar acción. Mientras que, para caer en la pobreza, basta con quedarse en la comodidad y ser perezoso. Si decides ser pobre, simplemente gastas todo tu dinero y sin trabajar, puedes terminar sin hogar. Por otro lado, aquel que elige hacerse rico ya está en el camino para superar la pobreza. Si alguien cree que debe ser pobre para agradar a Dios, debería considerar lo inútil que resulta cuando Dios quiere usarlo para responder a las oraciones de otros que involucran dinero. Después de todo, no puedes dar lo que no tienes.

Si deseas alcanzar la riqueza, es importante no maldecir ni odiar el dinero. Si lo rechazas, difícilmente vendrá hacia ti. Conozco a un joven pastor de 28 años, muy humilde y amable, que ama al Señor con todo su corazón y ha servido fielmente. Aunque Dios le ha brindado muchas oportunidades de negocios, no han tenido éxito para él. El motivo radica en que constantemente expresaba sentimientos negativos hacia el dinero. En una ocasión, me visitó y compartió su deseo de seguir siendo pobre, argumentando que los apóstoles eran pobres y él debía seguir ese ejemplo. Creía que complacía a Dios al mantenerse pobre, ya que así necesitaría depender de Él para subsistir. Además, tenía pensamientos críticos sobre los ricos. Pensaba que los ricos no podían ir al cielo porque amaban el dinero y las riquezas, y el único hombre rico que atravesó la puerta del cielo fue Job en la Biblia.

Cuando hablo con personas con diferentes mentalidades, sé que tienen razón de acuerdo con su nivel de comprensión desde su punto de vista. Así que, en lugar de debatir con mi amigo que predicaba el Evangelio de la Pobreza, le dije con una sonrisa: "Admiro al rey Salomón, es el símbolo de la riqueza y la sabiduría, el hombre más rico de la historia bíblica al que Dios ama afectuosamente, porque usa su riqueza para bendecir al pueblo de Dios". Mi amigo respondió: "No todo el mundo es rey, Salomón es una excepción".

—¿Puedo contarte una historia? —pregunté. —Adelante —dijo—.

Le conté una historia: "Un hombre poderoso tenía dos hijos. Cuando nacieron, les dió las mismas bendiciones, que eran: la libertad de tomar decisiones, el derecho divino a ser felices y a ser prósperos y exitosos en la vida.

El primer hijo creció y decidió ser rico y feliz. Aprendió a atraer la riqueza a su vida y disfrutó de un estilo de vida cómodo. Amaba mucho a su padre; cada vez que se comunicaba con él, lo hacía con alegría y mucho cariño. No llamaba a su padre por dinero, sino para expresarle su amor y gratitud. Mantenía una comunicación regular con él, hablándole antes de acostarse y saludándolo temprano en la mañana. Consciente de que todas las bendiciones provenían de su padre, compartía generosamente su riqueza con los necesitados en todo el mundo. Predicaba la grandeza del amor de su padre, siendo admirado y amado por muchas personas.

Por otro lado, el segundo hijo creía que no merecía la riqueza y se conformaba con la pobreza, pensando que esto complacía a su padre. En su mayoría, llamaba a su padre cuando necesitaba dinero o algún favor. Durante estas llamadas, describía las dificultades financieras que enfrentaba y esperaba la asistencia de su padre. En realidad sus llamadas eran motivadas principalmente por su necesidad financiera. Al igual que su hermano, también hablaba a otros sobre la generosidad de su padre, pero su falta de recursos no le otorgaba tanta credibilidad. A pesar de esto, el padre comprendía la situación del segundo hijo y lo ayudaba cada vez que lo necesitaba, ya que el Padre tiene recursos ilimitados.

¿Cuál de los hijos crees que complació más al padre? ¿Cuál de los dos hijos elegirías ser?

Después de escuchar esta historia, mi amigo todavía optó por permanecer en la pobreza. A veces, la vida se reduce a una simple decisión que debemos tomar. Lo más maravilloso es el poder de la libertad que Dios nos ha otorgado para elegir quiénes queremos ser y qué queremos hacer. Le expliqué a mi amigo que el dinero es una manifestación del poder de Dios en acción. Sin dinero, nos limitamos en nuestra capacidad para ayudar a quienes lo necesitan. Nadie puede servir a los demás con una taza vacía.

Cuando le pregunté cómo planeaba ayudar a los pobres cuando Dios lo llamara a hacerlo, mi amigo respondió que recibiría dinero de los ricos y lo usaría para ayudar a los pobres. Respeté su decisión, aunque entendí que buscaba evitar la molestia de ganar dinero por sí mismo, prefiriendo simplemente ser un intermediario, recibir donaciones y distribuir la ayuda. Sin embargo, juzgar a los ricos solo sirvió para alejar aún más la riqueza de sus manos. Los ricos que utilizan su propio dinero para ayudar a los necesitados en todo el mundo merecen ser reconocidas, incluso con premios Nobel, por la generosidad de sus corazones. Si además usaran su influencia para enseñar las palabras de Dios, el impacto sería verdaderamente poderoso.

Muchas familias, sin darse cuenta, transmiten a sus hijos una percepción errónea sobre el dinero. Imagina a una persona que no dispone de suficientes recursos económicos y enseña a sus hijos que el dinero es algo negativo. Esta enseñanza es para heredar la dificultad económica a través de las generaciones. Hay que entender que el dinero, por sí mismo, no es malo; el problema surge cuando cae en manos de personas con malas intenciones que lo utilizan para fines malvados. Si asocias el dinero con algo negativo, y al mismo tiempo guardas dinero en tu billetera, estarás convencido de que llevas contigo algo malo, lo cual te impulsará a querer deshacerte de él. Mantener la creencia de que el dinero es malo hace que tu subconsciente quiera eliminarlo de tu vida constantemente. Esto puede resultar en que inexplicablemente, el dinero que llega a tus manos se esfume rápidamente. Si rechazas el dinero a nivel subconsciente, nunca sentirás que tienes suficiente, porque en el fondo lo estás repudiando. Idealizar la pobreza solo hará que tu mente subconsciente te lleve hacia ella.

Si anteriormente veías al dinero como algo negativo o dañino, y ahora deseas cambiar esa percepción, es esencial dar el primer paso hacia la reconciliación con el dinero. Antes considerabas al dinero como un enemigo, pero ahora es momento de establecer una relación pacífica con él. Exprésalo con convicción: 'El dinero es beneficioso para mí; con dinero en mis manos, no solo ayudarme a mí mismo sino también aportar significativamente a los demás. Siendo próspero, Dios puede obrar a través de mí de muchas maneras. Ahora abrazo la abundancia en mi vida como mi Derecho Divino.'

Cierra los ojos e imagina cuán valioso puedes ser en el servicio divino, disponiendo de recursos financieros para bendecir a aquellos que enfrentan desafíos solucionables con apoyo económico. Visualiza la alegría y satisfacción que experimentarás al alcanzar tus sueños gracias a tu poder financiero. Piensa en cómo esta prosperidad te acerca más a Dios, permitiéndote ser un instrumento poderoso de Su amor y servicio hacia los demás. Imagina el orgullo y la alegría que provocarás en tu Padre Celestial, quien, a cambio, te bendecirá con una mayor abundancia, permitiéndote continuar realizando actos significativos en la Tierra. El dinero es como un medio para exaltar aún más a Dios, expresando tu amor y cuidado hacia los demás mediante el apoyo financiero.

Los lideres del mundo diseñan el sistema para asegurarse de que pueden mantener a la mayor cantidad posible de personas en la pobreza. Durante décadas tras décadas, los líderes de todo el mundo han sabido que los pobres no necesitan caridad. Necesitan inspiración para salirse de la pobreza, pero no quieren enfocarse en dar inspiración a los pobres, porque si los pobres se levantan para ser ricos, entonces sería difícil para controlarlos. La enseñanza de que ser pobre es bueno, es simplemente para lograr el objetivo de seguir siendo dominantes sobre la gente, para tener control sobre ella. Al mantenerlos pobres, es más fácil dominarlos porque siempre habrá quienes sean dominantes y sumisos. *"Los ricos gobiernan a los pobres, el prestatario es sirviente del prestamista". (Proverbios 22:7).*

Los pobres siempre dependerán financieramente de los ricos. Mantenerlos dormidos a sus bienes, es una forma de mantener a las diferentes clases sociales para mantener el orden mundial. Si el 100% de la población mundial fuera rica, ¿te imaginas lo difícil que sería mantener el orden mundial?, nadie querría ser sumiso al otro. Esa es la razón por la que muchos líderes políticos en el mundo siguen centrándose principalmente en alimentar a los pobres. Dar pan a un pobre es solo para mantenerlo pobre. Simplemente lo hace sentir bien por un rato y se siente que tiene derecho a exigir apoyo del gobierno, a ser el "débil" y la "víctima" de cualquier cosa que suceda en su vida.

Hay líderes religiosos que predican el evangelio de la pobreza y los otros predican el evangelio de la prosperidad. Dios me puso a trabajar con pastores y sacerdotes que predicaban tanto el evangelio de la pobreza y el evangelio de la prosperidad. Juntos hicimos obras de caridad para las comunidades. Cuando uno es empresario(a), los pastores y sacerdotes saben que acudes a ellos para ofrecerles apoyo financiero. Cuando la predicación de muchos de ellos elogiaba la pobreza, aprendí a quedarme callada y simplemente sonreír. Dios me mostró que ellos tienen amor por la gente y todos los sacrificios que hicieron para servir al pueblo de Dios. El amor y el respeto que ellos tienen por mí y que yo tengo por ellos, mantienen nuestra amistad, para servir al mismo propósito que Dios tiene para nosotros.

Dios me entrenó para ver puntos de vista opuestos para que pudiera tener una comprensión completa de lo que Él quería que hiciera, para tener un entendimiento adecuado, para ver el panorama general de lo que se trataba todo el asunto y no tomar partido, sino para dejar que Dios me transformara interiormente con compasión y amor por los demás. Con eso, pude conocer la Voluntad de Dios y el trabajo que Dios tiene para mí.

Cuando se trata de dar y compartir bienes a nuestra hermandad, los pobres no suelen estar dispuestos a compartir, pero los ricos sí. No porque los pobres sean egoístas, sino porque su copa no está llena. Naturalmente, los hace sentir inseguros al verter, al pensar qué pasaría si no quedara dinero para sus necesidades básicas.

Una vez, un cliente vino a mi oficina para consultas de negocios. Después de que resolvimos todos sus problemas comerciales, en la última reunión, habló sobre cómo el Mapa del Dinero JL había impactado su negocio y lo había ayudado a sentirse realmente organizado. Hablamos sobre el 10% de diezmo que recomendé apartar para Dios, él dijo:

"Mi empresa todavía es pequeña para regalar el 10%, tal vez algún tiempo después, cuando ya haya crecido". Sonrió con cierta timidez; Yo también sonreí y le hice un comentario:

"¿Quién crees que es más tacaño? ¿Los ricos, los pobres o la clase media?" Los dos nos reímos.

Dijo con una sonrisa: "Dímelo tú".

Mantuve la sonrisa en mi rostro y continué:

"Bueno, no sé si alguien ha hecho un estudio sobre ese tema, y no tengo una conclusión al respecto. Pero según tu experiencia, ¿cuánto dinero regalabas cuando eras pobre, cuando llegabas a la clase media y cuánto regalabas cuando eras rico?

Dijo con una sonrisa: "Cuando era pobre, no regalaba nada, ja-ja..., ahora con mi compañía, a veces doy una pequeña cantidad de lo que mi corazón me dice que dé. Creo que, cuando sea más rico, definitivamente daré más o incluso tendré una fundación para apoyar a las personas necesitadas en mi país".

"Wow, me encanta la idea de la fundación y tu corazón generoso con las personas necesitadas", respondí.

"Gracias", dijo.

Continué: "Según su experiencia, ¿quién es más tacaño? ¿La versión pobre de ti, la versión de clase media de ti o la versión rica de ti?"

"Jaja... Debo decir que la versión pobre de mí era la más tacaña, la versión de clase media de mí es generosa con cierta incertidumbre, y la versión rica de mí es definitivamente la más generosa".

Los dos volvimos a reír a carcajadas. Es interesante que los pobres puedan ser clasificados como los más tacaños en función de su limitada capacidad para dar una mano de apoyo a los demás. Pero quiero decir que hay diferentes tipos de necesidades. Si no tenemos dinero para ayudar a los demás, ayudamos con oraciones, con bondad y amor y usamos palabras para motivar a los prójimos. Pero el mayor impacto que podemos tener en la vida de las personas necesitadas es brindarles apoyo financiero y especialmente brindar la educación financiera.

La presión financiera puede dañar la actitud y el comportamiento de una persona, transformándola en alguien que no es.

Cuando el dinero está administrando a las personas, la presión financiera puede volver loco a cualquiera. Casi todos conocemos el poder de la presión financiera, incluso puede quitar vidas. Solo aquellos que han pasado por esto pueden entender el verdadero significado de la presión financiera. Hacerse rico puede aliviar a las personas de la presión financiera, pero la única y verdadera clave para liberar a una persona de la presión financiera es la **educación financiera personal**. Muchos hombres ricos y directores ejecutivos que conocí llevaban el peso de las presiones financieras sobre sus hombros. Por lo tanto, no significa que una persona rica esté libre de presiones financieras. Dios me dio la oportunidad de ver esto porque hago negocios. Socializo con empresarios e inversionistas y todos ellos conllevan diferentes niveles de presiones financieras.

La falta de dinero produce una vida estresante. Cualquiera que haya experimentado alguna vez la insatisfacción de necesidades por la falta de dinero, entiende cómo se siente; Qué impotencia se siente no poder cubrir las necesidades de sus seres queridos. Un padre que ve a sus hijos carecer de comida, ropa, refugio, entretenimiento. Una madre soltera que se siente desamparada ante la falta de necesidades básicas, para cubrir a sus hijos. Un hijo que se siente impotente ante la pobreza de sus padres, de su familia. Una hija que hace todo lo posible para mantener a sus hermanos y hermanas. Todos son buenas personas con corazones puros y humildes, pero la falta de dinero puede dañar la actitud y el comportamiento de una persona, transformándola en alguien que no es.

Cuando visité la prisión de Tamara en Honduras con mi amigo sacerdote, Padre Max, tuve conversaciones con los criminales en prisión. Detecté que sus raíces de maldad provenían de la pobreza. Miraban a sus hijos sin comida, sin zapatos y ropa. Se unieron al equipo criminal para robar y matar debido a la falta de dinero para mantener a su familia. Sabía que era una mala excusa, pero solo escuchándolos, podemos encontrar realmente las raíces de sus malas acciones. Ahora están en prisión, se arrepienten y escuchan al sacerdote, y están dispuestos a abrir sus corazones para compartir su historia.

Soy instrumento de Dios para luchar contra la pobreza y apoyar a las personas necesitadas. Hubo un fuego dentro de mí, cuando detecté que las raíces de la mayoría de los males en la sociedad moderna provenían de la pobreza. Honduras es uno de los países con los índices de criminalidad más altos del mundo, también es uno de los países más pobres de Centroamérica. Honduras necesita la ayuda de los países hermanos de todo el mundo para aliviar la pobreza y reducir la tasa de criminalidad.

Nadie en este mundo debería soportar presión financiera en la vida porque la prosperidad es nuestro derecho de nacimiento. Creo firmemente que todas las personas buenas deberían hacerse ricas. Nadie debería sufrir la inseguridad de no tener suficiente. Todo el mundo debería estar libre de presiones financieras, y sólo la educación financiera puede proporcionar la libertad de la presión financiera.

La presión financiera me volvió loca varias veces durante el segundo año después de abrir mi primer hotel LOTUS by Jasmine Ly. Después de analizar las razones descubrí que, cada vez que sentía presión financiera, era porque no establecía un presupuesto y no tenía una idea clara de cuánto podía asignar a cada actividad. Sin una idea clara y transparente de cómo debes hacer algo, te confundes. Durante esa confusión, hay muchos escenarios que pueden hacer que tus emociones fluyan al revés, y ahí es cuando puedes enojarte fácilmente. La presión financiera hizo que fuera tacaña conmigo misma. Por ejemplo, cuando pongo el presupuesto de $500 para arreglar mi auto, me enojaba si mi asistente excedía ese presupuesto. Pero cuando se trataba de donaciones y obras de caridad, yo era mucho más generosa y flexible. Estaba dispuesto a llegar hasta $5000 en donaciones, y también agregaríamos algunos $100 si era necesario durante nuestra misión. La lección que aprendí fue que experimenté presión financiera porque estaba pensando erróneamente que debía sacrificarme siendo tacaña conmigo misma para permitirme experimentar la alegría de ser una filántropa.

Dos años después de hacer obras de caridad, pensaba que tenía que trabajar más duro para tener más dinero para dar a la gente pobres. El punto de quiebre para mí en el que realmente abrí los ojos fue cuando me di cuenta de que nunca tendría suficiente dinero para regalar, porque la cantidad de personas necesitadas que esperaban recibir ayuda era como un barril sin fondo. Nunca pude llenarlo, nunca iba a ser suficiente, así que ser tacaña conmigo misma a cambio de la alegría de ser una filántropa fue un terrible error que he aprendido. Después de diseñar el Mapa del Dinero JL, me di cuenta de que Dios solo requería el 10% como se establece en su ley. Tomé el control de mis finanzas y también me convertí en el instrumento de Dios para servir a su pueblo en el tema de las finanzas.

Para dominar el dinero, primero debemos comprender las características del dinero. El dinero es el número. Si el número impreso en él es $10, es $10. No se puede leer como $9. Eso demuestra que el dinero en sí mismo es transparente y tiene claridad, por lo que para controlarlo y administrarlo, debemos ser transparentes y claros al respecto. Debemos saber cómo tratar el dinero con claridad, cuánto tenemos con exactitud, cuánto gastamos exactamente. El dinero es como una mujer que es sensible y puede ser una obsesiva controladora. Por lo tanto, debes ser muy honesta y transparente con él para evitar ser controlado por él. Realiza presupuestos detallados para cada aspecto, lo que te permitirá tener un control y comprensión claros de tus gastos.

Uno de los mayores problemas que tenemos a la hora de gestionar el dinero es la falta de claridad hacia el dinero. Cuando no controlamos los ingresos y los gastos, no sabemos de dónde viene el dinero, cuánto vino y a dónde fue. Gestionar el dinero sin organizarlo y dividirlo en diferentes contenedores, para controlarlo, es como conducir un coche con los ojos vendados, y provoca accidentes. Cuando eso sucede, sufrimos y vivimos bajo presión y nos convertimos en esclavos del Dinero, dejando que el Dinero nos maneje y nos quite la paz, la calidad de nuestra vida, y nos haga vivir en ansiedad, fácil de enojar porque el dinero tiene el poder invisible de controlarnos cuando no tomamos el control sobre él.

El dinero se lleva bien con aquellos que lo tratan con claridad. Porque la claridad le quita el poder que el dinero tiene sobre las personas. El dinero no crea problemas para aquellos que tienen claridad hacia él. Solo recibimos presiones financieras en la vida debido a la falta de conocimiento en el manejo del dinero. Por lo tanto, lograr claridad en nuestro enfoque de la administración del dinero es un factor clave para garantizar la tranquilidad y una mejor calidad de vida.

Al aplicar el Mapa del Dinero JL, obtenemos control sobre el dinero en lugar de permitir que nos controle a nosotros. La claridad actúa como un escudo contra el estrés y las presiones que a menudo se asocian con los asuntos financieros, lo que hace que nuestra relación con el dinero sea un aspecto más positivo y empoderado de nuestra vida.

4

La falta de Educación Financiera causa pobreza

Cuando visité la Montaña de la Flor, me quedé dos días con una familia de 12 niños. Conocí a Marco, un niño de 10 años que me hizo pensar en la importancia de la educación financiera para los jóvenes. Su madre le dio 100 lempiras (5 dólares), después de que hubiera limpiado su habitación. Tomó el dinero y corrió directamente a la pequeña tienda cerca de su casa. Regresó con una bolsa de dulces, una bolsa de bocadillos y una lata de Coca-Cola. Mientras abría la bolsa de bocadillos, me decía con una mirada alegre en su rostro:

"Tener dinero es bueno. Puedo comprar todas las cosas que me gusta".

Sonreí y le hice esta pregunta: "¿Acabas de gastar todos los L100?"

"Sí, este bocadillo costaba L50, esta Coca-Cola L30, esta bolsa de dulces L20 ", explicó. "No habría hecho eso si fuera tú". Negué con la cabeza intencionadamente para despertar su curiosidad. Tenía la intención de darle una pequeña lección financiera personal.

"¿Por qué?", preguntó con curiosidad.

Sabía que había captado su atención: "¿De verdad quieres saberlo?"

"¡Sí!", asintió con la cabeza mientras seguía comiendo.

"No puedo decírtelo, porque la respuesta que tengo te hará sentir mal". Miré hacia otro lado y dejé que se confundiera por un momento.

"¿Por qué me sentiría mal?", preguntó, insistiendo.

"Porque la respuesta revelará el error de administración del dinero que acabas de cometer".

"¿Error?", preguntó confundido.

"Sí, acabas de cometer un error común en la administración del dinero que mantiene a la gente pobre durante toda su vida".

—Quiero saber qué es eso —insistió con impaciencia—.

"¿Estás seguro de que no te vas a sentir mal?" —pregunté mirándolo a los ojos.

Miró hacia otro lado y luego me miró: "Quiero saber; No me sentiré mal".

—Muy bien, Marco —dije—. "En el momento en que recibiste esos L100, te convertiste en un Comandante del Dinero. Tenías la responsabilidad de decidir para qué usarías ese dinero.

¿Cómo lo usarías? ¿Cuándo lo usarías? Me detuve y lo miré, para asegurarme de que entendiera.

Dijo: "¿Un comandante del dinero?"

"Sí, eras el Comandante, y esos L100 debían obedecer todas las órdenes que le dieras. Le ordenaste que te trajera una Coca-Cola, un bocadillo y una bolsa de dulces". Le expliqué, y ambos nos reímos alegremente al mismo tiempo.

Cambiando su mano detrás de su cabeza, Marco dijo: "Lo gasté todo".

"¡Así es! Esto sucedió porque no sabías que eras un administrador de dinero. No sabías que tenías el poder sobre esos L100, el poder de un Comandante. Por eso lo gastaste todo sin pensar, y ahora que no te queda dinero, perdiste tu Poder de Comandante".

"¿Qué habrías hecho si fueras yo?" preguntó.

"Si yo fuera tú, habría utilizado mi poder sobre ese dinero. Habría hecho un plan para manejarlo: gastar una parte y guardar otra en mi alcancía. En este caso, habría gastado L50 en un bocadillo y una Coca-Cola, y habría ahorrado las otras L50. Cada vez que recibiera dinero, haría lo mismo, elaboraría un plan para administrarlo, y con el tiempo, el dinero en mi alcancía crecería. Siempre tendría el poder del Comandante en mis manos".

Su rostro se puso serio, parpadeó, me miró y continuó comiendo el bocadillo en silencio.

Continué: "Y un día, haría un gran plan y ordenaría que el dinero de mi alcancía saliera a trabajar para mí, para traer más dinero. Para entonces, tendría 2 alcancías o incluso más".

"¡Wow!" exclamó Marco con emoción. "Quiero convertirme en un hombre rico cuando sea grande".

"¡Sí! ¡Eso es increíble! Si administras bien tu dinero a partir de ahora, puedes convertirte en un Gran Comandante del Dinero cuando crezcas. Eso significa que te harás rico". Le dije, animándolo.

"Y cómo puedo hacer que el dinero de mi alcancía trabaje para mí?" preguntó Marco.

"Muy fácil", respondí. "Hay que aprender a invertir. Invertir es un gran plan personal. A medida que crezcas, deberás aprender qué tipo de inversiones están disponibles en el mercado en ese momento, lo que te hará ganar más dinero a corto y largo plazo. Decidirás en función de la investigación que hagas y luego harás un plan para sacar el dinero de tu alcancía e invertir en él. Después de eso, te convertirás en el jefe, o en otras palabras, en un inversionista, porque el dinero de tu alcancía ahora está trabajando para ti como tus trabajadores".

"¿La escuela me enseñará todo eso, verdad?" preguntó Marco.

"Mmm... ¡No!" Respondí negando con la cabeza. "La escuela no te enseñará nada sobre cómo ser un Comandante del Dinero ni sobre cómo convertirte en un Inversionista".

"¿En serio? ¿Por qué no?" preguntó Marco, mientras se cruzaba de brazos.

"Porque el sistema escolar no está ahí para convertir a la gente en millonaria, solo para mantenerlos mediocres y pobres. Los ricos gobiernan sobre los pobres. El sistema escolar fue diseñado y aprobado por líderes mundiales, que son personas ricas". Le respondí.

"¡Eso no es justo!" dijo Marco.

"¿Sabes por qué hay tanta gente pobre y solo unos pocos son ricos?" pregunté.

"¿Tal vez porque la gente no sabe cómo convertirse en un Comandante del Dinero?" dijo Marco con una mirada concentrada en su rostro.

"¡Eso es correcto! ¡Eres tan brillante!" Continué: "Hay gente haciendo lo que tú acabas de hacer, toda su vida. Simplemente trabajan duro, reciben dinero, lo gastan todo, trabajan duro y lo gastan todo de nuevo, como un ciclo. Debido a ese hábito de gasto, nunca aprenden a ser administradores de dinero y nunca saben que son el comandante del dinero".

"Pero ahora lo sé, así que conservaré mi Poder de Comandante la próxima vez que tenga dinero", dijo Marco mientras terminaba la merienda.

"¡Eso es increíble! ¡Creo que naciste para convertirte en un hombre muy exitoso y para lograr grandes cosas en la vida!" Le motivé. —¿Amas a Jesús, Marco? Continué.

"Sí, Dios está aquí en mi corazón", respondió mientras se ponía la mano en el pecho.

"Sabes Marco, cuando eres un hombre rico, puedes servir a Dios de una manera tremenda, ayudando a tantas personas, y enseñándoles cómo convertirse en un Comandante del Dinero para que ellos también puedan hacerse ricos".

"Sí, sí...", asintió con la cabeza.

Continué: "Sabes, cuando era pequeño, tampoco sabía nada sobre el dinero. La escuela nunca me enseñó nada sobre el dinero. Cuando crecí, aprendí de diferentes libros y mentores. Uno de mis grandes maestros sobre el dinero es Robert Kiyosaki. Aprendí de él que, cuando se trata de dinero, hay dos tipos de personas:

El primer tipo nunca tiene la oportunidad de aprender a convertirse en un Comandante del Dinero. A medida que crecen, en lugar de convertirse en el Comandante del Dinero, se convierten en esclavos del Dinero. Trabajan duro por dinero toda su vida. El dinero los maneja, y ellos trabajan para el dinero. El mundo los llama los pobres y la clase media.

El segundo tipo de personas son los Comandantes del Dinero. Siempre hacen planes para administrar su dinero. Gastan parte de él y se quedan con otra parte. Ahorran y luego envían su dinero a trabajar para ellos en la inversión y se convierten en inversionistas. El dinero trabaja para ellos. El mundo los llama los ricos y poderosos".

Marco dijo: "Quiero convertirme en un súper buen Comandante de Dinero y convertirme en un hombre súper exitoso. Quiero una casa grande, un bonito auto, y también quiero servir a Dios ayudando a mucha gente a hacerse rica como yo". Me dio esa confirmación con una mirada decidida en su rostro.

"¡Yayy! ¡Dame cinco!" Dije, levantando la mano e hicimos un "choca los cinco", sonriendo llenos de alegría.

Esa sonrisa confiada e inocente en el rostro de Marco, me mostró que había sido empoderado, para tomar el control de su vida, a través de una pequeña lección de administración personal del dinero. Él estaba declarando el propósito de su vida y su futuro allí mismo, ese día. Todos los niños merecen tener la esperanza de un futuro brillante. Pero la pregunta sigue siendo: "¿Por qué los líderes de todo el mundo todavía no aprueban la Educación Financiera para enseñar a los niños a ganar y administrar dinero?" No hay nada malo en la naturaleza humana hacia el dinero, pero la razón por la que la mayoría de las personas tienen dificultad financiera, es por la falta de educación sobre la administración del dinero. Creo en mi corazón que nadie tomará una decisión financiera equivocada si tiene la oportunidad de aprender sobre la administración del dinero desde la escuela primaria, secundaria o preparatoria.

El mundo necesita un nuevo sistema educativo

El estilo actual de educación autoritaria que tenemos hoy en día, se estableció en la Revolución Industrial durante el tiempo en que el mundo necesitaba formar trabajadores para las fábricas. El contenido del libro y las clases diseñadas para la escuela era para formar trabajadores. El sistema escolar de "talla única", en el que se espera que todos los niños actúen cuando se les ordene, es donde se limitan el individualismo y la creatividad. Hoy en día, el mismo sistema, el mismo contenido de libros y los mismos materiales diseñados a partir de la Revolución Industrial, se siguen aplicando al sistema educativo actual, que son inútiles para los niños de pensamiento rápido como Marco por ejemplo.

Hoy en día, los niños tienen acceso a Internet y a plataformas de redes sociales como YouTube, Instagram, Facebook, Tiktok etc. Este acceso rápido a la información puede catapultar su cerebro para que trabaje más rápido y absorba la información más rápido. Digámoslo de esta manera: los cerebros de los niños trabajan rápido como un Lamborghini, pero el sistema educativo los está arrastrando como si fueran en bicicleta. El sistema escolar de la era industrial es demasiado obsoleto para ser aplicado en esta era tecnológica avanzada. Creo que es hora de que los líderes de todo el mundo rediseñen el sistema escolar para la era de las tecnologías de la información. Debería haber nuevos libros, nuevos materiales y nuevas clases que encajaran en el propósito del nuevo mundo.

La vida para casi todo el mundo se trata de: ganar dinero, administrar el dinero, ser próspero y exitoso, tener una vida plena y cómoda, y tender la mano para ayudar a los demás. No importa qué carrera elijas hacer en la vida, terminarás ganando dinero y convirtiéndote en un administrador de dinero. Por ejemplo, si decides estudiar medicina para convertirte en médico, en el momento en que un médico recibe dinero y honorarios de sus pacientes, se convierte en un administrador de dinero. Puede ser un buen administrador de dinero que ahorra e invierte para hacer que el dinero trabaje para él, generando más fuentes de ingresos. Con abundancia financiera, puede retirarse temprano y dedicarse al servicio voluntario para ayudar a los necesitados, convirtiéndose en un héroe para aquellos que no pueden costear sus gastos médicos.

Por otro lado, un médico que no administra bien su dinero puede gastarlo sin planificación y verse obligado a trabajar durante toda su vida. Cuanto más gana, más gasta, y terminando sin tiempo ni recursos para dedicar a las obras social.

Lo mismo aplica a profesiones como la abogacía, bienes raíces o los negocios. Aquellos con malos hábitos de administración del dinero probablemente enfrentarán dificultades financieras, a menos que aprendan a ser buenos administradores o contraten a alguien para gestionar sus finanzas de manera honesta.

Incluso un trabajador común, si no administra bien su dinero, gasta todo lo que genera, lo que eventualmente conducirá a tener dificultad financiera, al menos que aprenda a ser un buen administrador de dinero.

La vida se trata de ganar dinero, administrarlo sabiamente, alcanzar la prosperidad y el éxito, disfrutar de una vida plena y cómoda, mantener la paz en la mente y el corazón, y brindar ayuda a los demás. Cualquier profesión en la vida requiere que la persona se convierta en un buen administrador de dinero. A menos que viva en una tribu, como de donde yo vengo, donde no es necesario lidiar con el dinero, ya que se puede sobrevivir plantando y cosechando para el consumo diario.

Incluso un sacerdote, pastor o profeta necesita ganar dinero y administrarlo eficientemente a lo largo de su vida. Si un sacerdote deja de predicar y salvar almas, dejará de recibir diezmos del pueblo de Dios y podría enfrentarse a dificultades financieras en este mundo físico, ya que el hombre necesita sustento para vivir. Es innegable que ganar y administrar dinero son habilidades esenciales para todos los seres humanos.

Es hora de que nos levantemos y exigimos a los líderes mundiales que incluyan la educación financiera en el plan de estudios escolar. A pesar de que los gobiernos hablan de la importancia de la educación para combatir la pobreza, muchas veces invierten en la educación equivocada. Es fundamental cambiar los libros y materiales escolares para adaptarse a las necesidades actuales.

Creo firmemente que todos los niños, como Marco, pueden prosperar y tener éxito en la vida si el sistema escolar incorpora una clase de "Administración del Dinero". Todos los niños, independientemente de sus talentos, tienen derecho a recibir educación financiera. Incluso un pintor debe entender que será compensado por su trabajo y aprender a gestionar esos ingresos. Lo mismo aplica para un cantante, quien necesita habilidades de administración del dinero para mantener su éxito en la vida.

Es responsabilidad de los padres en todo el mundo exigir a los líderes mundiales que implementen la educación financiera en las escuelas. Si le preguntas a cualquier persona en la Tierra si preferiría ser rica o pobre, la mayoría elegiría ser rica. La pobreza no suele ser una elección voluntaria, sino una circunstancia manipulada por el sistema gubernamental para mantener a las personas en ese nivel.

Los niños de todo el mundo, ya sea que provengan de áreas urbanas, rurales o de las zonas más desfavorecidas, poseen un poder ilimitado para prosperar y tener éxito en la vida. Este potencial ilimitado que reside en ellos tiene la capacidad de despertar y brillar intensamente. Sin embargo, el actual sistema escolar inflexible implementado en todos los países empuja este poder hacia abajo, congelándolo y manteniéndolo dormido a lo largo de sus vidas.

Los adolescentes que se gradúan de la escuela secundaria a menudo están perdidos al enfrentarse a la vida real, ya que la educación escolar no les proporciona conocimientos esenciales sobre la Regla de la Vida: "Ganar dinero, administrar el dinero, prosperar y tener éxito, disfrutar de una vida plena y cómoda, cultivar una mente y un corazón en paz, y ayudar a los demás". La escuela no enseña sobre el dominio del dinero, la mente, las emociones, las acciones, las decisiones ni el tiempo. Ahora, estos jóvenes tienen que responder las preguntas sobre su carrera y propósito de vida, sin comprender el significado real de la vida.

El sistema escolar actual no aborda estas cuestiones, ya que fue diseñado para formar trabajadores destinados a las fábricas. Sin embargo, la tecnología actual está reemplazando gradualmente a los trabajadores con máquinas y sistemas de inteligencia artificial. En este contexto, enseñar a nuestros hijos el mismo sistema obsoleto conlleva el riesgo de un aumento significativo en el desempleo, afectando la fuerza laboral mundial en las próximas décadas. Es crucial repensar y reformar el sistema educativo para preparar a las nuevas generaciones con las habilidades necesarias para enfrentar los desafíos de la vida contemporánea y futura.

El nuevo enfoque del sistema escolar debe centrarse en enseñar a los estudiantes a ser emprendedores, con clases de administración del dinero y educación en tecnología de la información. La próxima generación necesita adquirir habilidades como la capacidad para escribir algoritmos, ya que la rápida innovación y la invención de tecnología pueden superar la singularidad humana. Las empresas pueden mejorar su eficiencia y reducir costos mediante el uso de AI y aplicaciones, y en algunos casos, las computadoras pueden tomar decisiones más acertadas que los individuos. Aunque los recursos humanos están siendo reemplazados por máquinas, también se crean nuevas oportunidades para aquellos que están capacitados en el uso de software y aplicaciones.

El sistema educativo debe adaptarse para preparar a la próxima generación para aprovechar las oportunidades que ofrece el cambiante mercado laboral. La capacidad de escribir algoritmos se vuelve crucial, al igual que las habilidades básicas de lectura y escritura. Es necesario que enseñemos a nuestros hijos estas habilidades desde la escuela. Esta nueva clase debería integrarse en el nuevo sistema educativo, o de lo contrario, nuestras futuras generaciones enfrentarán la ignorancia.

Además, el sistema escolar actual, que está roto y desactualizado, desconcierta a nuestros hijos. Un ejemplo es Diana, una alumna de sexto grado, que cuestionó la importancia de sacar buenas notas en la escuela. Ella expresó su deseo de aprender a construir su marca personal en las redes sociales en lugar de buscar empleo en una corporación. Jessica, la madre de Diana, era una cliente de JLC, compartió su preocupación y destacó cómo la escuela no contribuía a los sueños de su hija. Jessica reflexionó sobre la necesidad de incorporar lecciones sobre nuevas plataformas comerciales en el sistema escolar, ya que el enfoque actual parecía una pérdida de tiempo y no estaba preparando a los estudiantes para la realidad empresarial actual.

Al igual que Diana, muchos otros niños enfrentan las mismas confusiones. Desde temprana edad, los niños ya están inmersos en las redes sociales, donde Internet proporciona respuestas a casi todas sus preguntas. Si la escuela ignora las nuevas plataformas de negocios en las redes sociales, entonces estaríamos prácticamente enviando a nuestros hijos de regreso en el tiempo, lanzándolos a la época de la Revolución Industrial, lo cual es ilógica. Por lo tanto, el nuevo sistema educativo debe incluir clases que enseñen a los niños sobre las nuevas plataformas de negocios. No podemos pretender preocuparnos por nuestra próxima generación y seguir enseñándoles lo que está obsoleto y desconectado de su realidad. Estamos viviendo en la era de la tecnológica, no en la revolución industrial. El sistema escolar debe ser rediseñado para guiar a la sociedad a crecer de la mano de los nuevos avances tecnológicos.

La escuela desempeña un papel crucial en los años más formativos de la vida de una persona. En este periodo, los niños aprenden a socializar, enfrentarse a responsabilidades y establecer rutinas. Es imperativo establecer un nuevo sistema educativo que guíe a estas mentes jóvenes hacia el éxito, ayudándoles a descubrir su propósito, asumir responsabilidad por sus acciones y contribuir al desarrollo de valores personales.

Con el fácil acceso a la información en la actualidad, los niños pueden aprender más rápido y absorber información a un ritmo acelerado. Sin embargo, lidiar con las emociones puede representar un desafío, y es aquí donde debemos prestar atención. La paz interior no solo es esencial para los adultos, sino que debería ser un componente fundamental para todos. Los niños, desde temprana edad, deben aprender sobre la gratitud y la toma de decisiones.

La educación emocional debe ser parte integral del nuevo sistema educativo. Los niños necesitan comprender el arte de la gestión interna, aprendiendo a administrarse a sí mismos. Deben entender que no pueden controlar lo que sucede fuera de ellos, pero tienen control sobre su mente, emociones, acciones, decisiones y tiempo. Al combinar estos conceptos con la habilidad financiera, la mayoría de los niños crecerán como ciudadanos agradecidos, prosperando y siendo exitosos en la vida.

Es esencial que los niños comprendan el poder de sus mentes, creyendo en lo que pueden lograr. Así como hay alimentos saludables y no saludables, también hay información saludable y perjudicial. Los niños pueden alimentar sus mentes con información positiva y cuidar su bienestar mental, de manera que cuando está en su adolecientes, ellos ya sean capaces de comprender los pilares básicos de una vida exitosa con plenitud es tener el bienestar: mentalmente, físicamente, espiritualmente, emocionalmente, financieramente. En este sentido, las clases de nutrición y meditación deben incorporarse al nuevo sistema educativo, junto con otras asignaturas como Oratoria, Educación Ambiental, Ventas, Creatividad e Innovación, o Valores y Hermandad.

Viviendo en la era de la información, nos hemos convertido en las generaciones "rápidas y furiosas". Queremos que todo nos llegue instantáneamente y si se retrasa, la furia es la reacción. Si el gobierno no se apresura a trabajar en el cambio del sistema educativo, muchos niños negarán ir a la escuela y se rehusarán a escuchar la educación tradicional que no añade ningún valor a la actual forma de generar riqueza a través de las plataformas de negocios en las redes sociales o la moneda electrónica. Queremos aprender solo de aquellos que ya lo han "logrado". Por lo general, el sistema educativo tradicional no puede permitirse el lujo de contratar maestros que ya "lo lograron" para enseñarnos, por lo que la mayoría de las generaciones jóvenes asisten a la escuela o la universidad para obtener diplomas, solo para complacer a sus padres. Solo prestaremos atención a alguien de la misma generación si esa persona ya ha tenido un éxito tremendo.

Las medidas de éxito que utiliza la generación joven son el dinero, la fama o los seguidores en las redes sociales. El mundo es ahora tecnológico y materialista. Las personas no solo necesitan pan para comer, sino también acceso a la tecnología para sentirse vivas. Es hora de que los gobiernos de todo el mundo rediseñen un nuevo sistema educativo que se ajuste a la era tecnológica de la información.

Hay muchas cosas que se pueden hacer para prepararse para el futuro, pero tiene que ser cohesivo. Tiene que ser una misión mundial. Cada país debe considerarlo como una misión nacional. Los líderes a nivel global y nacional deben aprender a tener desacuerdos constructivos o debates reflexivos para trabajar hacia un objetivo común.

5

La Prosperidad es un derecho Divino

La idea original de Dios para la humanidad era que vivieran en prosperidad, salud, riqueza y alegría, en un lugar donde la escasez y la pobreza no existieran. Esto se materializó en el jardín del Edén, donde Dios creó al primer ser humano, Adán. Él le otorgó a Adán el Derecho Divino de tener todo lo que necesitaba. Adán comprendió el poder de Dios y reconoció que todo lo que poseía provenía de Él. Dios es nuestro proveedor de infinidades de cosas que necesitamos en la vida.

Cuando Jesús dijo: "Pide y se les dará", no estableció límites. Si hubiera querido imponer restricciones, habría dicho: "Estas son las cosas que pueden pedir, y estas son las que no". Dios es el creador de todas las cosas y nada es imposible para Él. Pero para muchas personas resulta difícil creer que vivir prospera, saludable, y alegre es un Derecho Divino otorgado desde el principio de la creación. La mayoría se siente insegura sobre su derecho a recibir todas las grandes bendiciones viene desde Dios. Por eso no atreven de pedir cosas grande, y limitan a sí mismos con las restricciones que crean en sus mentes. La verdad es que el hombre solo puede llegar tan lejos como su mente le permita.

El derecho del hombre a la vida incluye su derecho a la prosperidad. Si actualmente estás experimentando escasez, necesitas creer en tu derecho innato a la riqueza, simplemente por existir en este mundo. Es tu responsabilidad buscar la prosperidad en la vida. Es fundamental que salgas de tu zona de confort y tomes medidas para alcanzar la abundancia. Tú eres el cuerpo de Cristo en la Tierra y tienes el derecho divino de prosperar, porque al tener abundancia, Dios puede expresarse a través de ti sin tu limitaciones financiera. ¿Alguna vez has deseado poder comprar algo especial para tus seres queridos, pero la falta de recursos financieros te ha limitado en demostrar tu amor y cuidado hacia tu familia?

Brindar a alguien algo por lo que ha estado orando es responder a sus plegarias. Dios siempre utiliza a alguien para responder a las oraciones de otros, pero si te faltan los recursos, estás limitando a Dios a utilizarte como instrumento para bendecir a otros. Jesús dijo: "Los que creen en mí harán las mismas obras que yo hago, e incluso mayores". Dios deseas que tengas prosperidad para poder utilizarte como instrumento de bendición sin limitaciones.

No hay nada malo en aspirar a la prosperidad. Ser rico en sí mismo no es malo; lo malo es la codicia. Es posible vivir en abundancia y amar a Dios sobre todo. Dios nos ama a todos y también ama a aquellos que son ricos y agradecidos, como lo fue Job en la Biblia. A pesar de su gran riqueza, Job reconocía que todo lo que poseía pertenecía a Dios. Su gratitud y fidelidad fueron altamente valoradas por Dios. De hecho, Dios se refirió a Job en estos términos:

"No hay nadie en la Tierra tan fiel y recto como él. Él me adora y se cuida de no hacer nada malo" (Job 1:8).

Por ende, el éxito en la vida implica la capacidad de convertirte en quien deseas ser, y esto solo es posible teniendo la libertad de acceder y utilizar recursos. Si careces de los recursos necesarios para obtener lo que requieres, aún estás siendo limitado. Vivimos en un mundo donde la libre expresión es fundamental, y solo podemos demostrar nuestro amor y aprecio por los demás si tenemos la libertad de acceder y utilizar lo que necesitamos. El mundo está lleno de lugares espectaculares creados por Dios para que el hombre los disfrute y aprecie. Dios desea que seamos prósperos para que podamos tener la oportunidad de viajar por todo el mundo y maravillarnos con sus magníficas creaciones.

¡Dios desea manifestarse a través de ti! Su bondad y grandeza nos rodean en el aire. Dios es amor, alegría, felicidad, belleza, sabiduría... Él es la fuente de la abundancia, el éxito y la salud perfecta. Dios es la luz del mundo y simboliza todo lo bueno. Dios te otorga el derecho divino de aprender y crecer para acercarte a Su perfección. En otras palabras, Dios quiere que irradies amor, luz, belleza, alegría, felicidad, salud, riqueza, sabiduría y éxito. Dondequiera que vayas, Dios desea que reflejes todas estas vibraciones positivas y Su esencia en abundancia. Dios es espíritu y energía, y reside en ti. Todo lo que necesitas hacer es depositar tu confianza plena en Él y creer profundamente que mereces toda Su bondad. Cuando estás vibrando en la alta vibración de positivismos y Fe, tu estas alineado con Su bendición para tu vida, te abres para recibir abundancia en todas las áreas de tu vida.

Dios creó el mundo a través de las palabras habladas

La idea de escasez y pobreza no proviene de Dios, sino de la propia humanidad. Creamos la escasez en nuestra mente y la reforzamos con nuestras palabras, lo que luego se manifiesta en la realidad. Muchos de nosotros subestimamos el poder de la creación a través de las palabras habladas y también subestimamos el poder de la creación a través de nuestra propia imaginación. Cuando nuestras palabras habladas están en armonía con nuestra imaginación, ¡estamos creando! Dios mismo creó el mundo a través de Sus palabras habladas.

La Biblia dice:

"*En el principio ya existía la Palabra; y aquel que es la Palabra estaba con Dios y era Dios. Él estaba en el principio con Dios. Por medio de Él Dios hizo todas las cosas; nada de lo que existe fue hecho sin Él. La Palabra era fuente de vida...*" *(Juan 1:1-4).*

En los primeros 2 capítulos del libro de Génesis, la Biblia nos muestra cómo Dios usa el poder de las Palabras habladas para crear el Universo:

Dios dijo:

"*¡Que haya luz!*" - y apareció la luz, a través de ese comando Dios creó Día y Noche.

Después Dios dijo:

"*Que haya una bóveda para que separe las aguas, paraque estas queden separadas*" - y así se hizo, a través de ese comando Dios creó el Cielo.

Después Dios dijo:

"*Que el agua esta debajo del cielo se junten en un solo lugar, para que aparezca la tierra*" - y así se hizo, a través de ese comando Dios creó la Tierra y el Mar.

Después de eso, Dios creó todos los árboles, animales, pájaros y seres humanos. Las Palabras Habladas de Dios eran muy específicos y creó exactamente lo que Él quería. Si Dios hubiera dicho equivocado una palabra o hubiera dicho algo opuesto de que lo que Él quería, se habría creado otra cosa. Dios nos creó a Su imagine y semejanza, cada palabra que salen de nuestra boca tiene poder, Proverbios 18: 20-21 menciona que tú coma la fruta de las palabras que sale de tu boca. Entendiendo el Poder de las Palabras Habladas, debemos ser muy cuidadosos cuando decimos algo sobre nosotros mismos y sobre los demás. Todos queremos ser bendecidos, por eso tenemos que aprender de decir palabras bendecidos a nosotros mismo y a los demás. Es hora de levantarnos y proclamar lo que nos pertenece por nuestro Derecho Divino. Dios te creó con el derecho divino de disfrutar todas las bendiciones, pero es necesario que lo proclames. Debes pronunciar las palabras adecuadas para desatar la bendición que te corresponde por tu derecho divino. Por ejemplos:

"¡Yo soy Prospera(o)!
¡Tengo la prosperidad divina!
¡Todo lo que hago, me condujo al Éxitos!
¡La riqueza está llegando a mi vida!
¡El éxito está llegando a mi vida!

¡Yo soy Bella(o)!
¡Yo soy saludable y lleno de energía!
¡Estoy agradecida(o) con Dios por mi vida!
¡Estoy apasionada(o) con mi vida!

¡La Alegría y la Felicidad están en mi corazón!
¡La Paz y Amor están dentro de mi ser!
¡La luz está dentro de mi ser!
¡Yo soy maravillosa(o)!
¡Dios me ama con el Amor Divino e Infinito!"

Es importante declarar palabras y tomar acciones que estén en armonía contigo mismo. Sin embargo, solo las palabras no son suficientes; tus palabras y tu imaginación deben trabajar juntas y estar en total acuerdo con tus deseos. Jesús dijo: *'Porque donde dos o tres se reúnen en mi nombre, allí estoy yo en medio de ellos' (Mateo 18:20)*. Si interpretamos estos dos como tus palabras habladas y tu imaginación, es crucial que estén alineados. Solo entonces, todas tus acciones te conducirán al destino que has imaginado y expresado con tus palabras.

Por ejemplo, cuando afirmas: 'Yo soy próspero', al mismo tiempo, tu imaginación debe visualizarte viviendo en una mansión, conduciendo tu coche favorito, disfrutando de lo que amas y explorando los lugares que deseas visitar. Esta armonización entre tus palabras y tu imaginación es crucial. Al afirmar diariamente con palabras y visualizaciones, estas manifestaciones se materializarán en tu realidad. Todas las acciones que tomes en tu vida te conducirán hacia la prosperidad, un derecho divino que nadie puede arrebatarte excepto tú. Dios es el proveedor infinito de todas tus necesidades. Como dijo Juan: *'Nadie puede tener nada si Dios no se lo da' (Juan 3:27)*. Es fundamental que nos rindamos completamente y comprendamos Su poder y Su amor divino por nosotros. Dios incluso conoce el número de cabellos en nuestra cabeza, pero es nuestra responsabilidad reconocer que hasta esos detalles minuciosos nos han sido otorgados por Él, y es nuestro deber cuidarlos.

Cuando nos manifestamos, es importante tener cuidado de no permitir que nuestras palabras habladas y nuestra imaginación entren en conflicto. Si afirmas: "Soy próspero", pero en tu mente visualizas escasez y carencia, estás contradiciéndote a ti mismo. Esta discrepancia crea confusión interna y puede ser una razón por la cual tus manifestaciones no se materializan. No puedes hablar de derrota y esperar obtener victoria, ni hablar de victoria mientras te preparas mentalmente para la derrota; en ambos casos, los resultados serán contradictorios. Por lo tanto, es fundamental que haya coherencia entre tus palabras habladas y tu imaginación. Esta alineación es la clave para manifestar el éxito, la prosperidad y todos los bienes que te corresponden por tu derecho divino.

Una vez, mientras conducía, experimenté dolor de estómago, y de inmediato declaré: "Estoy sana por mi derecho divino". Continué repitiendo esta afirmación y opté por ignorar el dolor. En mi mente, me visualizaba bailando libremente sin sentir ninguna molestia. Después de unos 5 minutos, el dolor desapareció por completo. Sonreí y le di gracias a Dios por responder a mi manifestación. Creo firmemente en mi corazón que la buena salud es mi derecho divino.

En otra ocasión, un amigo vino a visitarme el día de San Valentín, y mencionó sentir dolores en su cuerpo, temiendo que pudiera tener COVID-19. Sin dudarlo, afirmé: "Estás sano por tu derecho divino; ninguna enfermedad puede acercarse a ti". Al día siguiente, me comuniqué con él y me informó que se sentía completamente bien, y que la prueba de COVID-19 había dado negativa. Es evidente que podemos emplear nuestra fe para ayudar a nuestros amigos y familiares. A veces, los logros de nuestros seres queridos se deben a la fe que depositamos en ellos. Al utilizar nuestra fe para respaldar a los demás, demostramos generosidad y amor hacia ellos. Confío en que Dios Todopoderoso en el Cielo retribuirá estas acciones con grandes bendiciones en nuestras vidas.

No dejes que los comentarios negativos te afecten. En la vida, te encontrarás con tres tipos de personas: las que aportan positividad, las que difunden negatividad y maldiciones, y las que llevan ambas. Los portadores de la Voz de Dios hablan bendiciones y aliento en tu vida: estas son las buenas semillas que debes recibir y dejar que echen raíces para tu bienestar.

Por otro lado, los portadores de la negatividad y las maldiciones pueden lanzarte palabras negativas sin querer. Esté atento y rechace estas malas semillas para evitar que echen raíces en ti. Jesús mencionó en la Biblia Las palabras son como semillas. Aunque no podemos evitar los comentarios negativos, podemos ser como tierra fértil para las buenas semillas y una base rocosa para las malas.

Por ejemplo, si alguien te dice: "Nunca lo lograrás; Es imposible", reconócelo como semillas de negatividad. Sé consciente y recházalos. ¿Cómo lo hace? No necesitas entrar en discusiones; simplemente mantén la calma y responde: "No, gracias, eso no aplica para mí". Al rechazar cortésmente estas semillas, creas un cortafuegos protector en tu mente. Tu cuerpo, mente y espíritu se convierten en una base de roca sólida, lo que dificulta que las malas semillas echen raíces.

Solo lo que crees acerca de ti mismo es tu verdad. Tu percepción de ti mismo define tu realidad, así que siempre debes creer en tu grandeza. Estás aquí para lograr grandes cosas en la Tierra. El pensamiento positivo te mantiene alegre, feliz y motivado, ya que estás más dispuesto a emprender acciones cuando te sientes contento en lugar de triste. Es fundamental mantener una actitud alegre y optimista cada día, ya que la alegría y la paz son fundamentales para una mente y una vida positivas.

Cada mañana, sonríe y declara: "Soy feliz", "Me siento alegre", y sigue repitiéndolo con una sonrisa durante todo el día. Tu mente subconsciente elevará tus vibraciones y te llevará a un estado de alegría y gratitud constante.

Cuando te afirmas a ti mismo "Soy hermosa" o "soy hermoso", visualiza en tu mente una versión radiante y feliz de ti misma, utilizando la ropa que te encanta y siendo la mejor versión de ti misma. Si necesitas mejorar tu apariencia física, como yendo al gimnasio para obtener los resultados deseados, declara y manifiesta tu deseo con palabras habladas y visualízate alcanzando la forma que deseas en tu imaginación. Confía en que Dios te brindará la motivación, el entrenamiento adecuado o el conocimiento necesario sobre la dieta para alcanzar el objetivo al que tu palabra hablada y tu imaginación te están guiando.

El tema de la belleza es subjetiva, ya que cualquier persona, sin importar cuán atractiva, puede experimentar momentos de inseguridad debido a los estándares de belleza que prevalecen en las redes sociales y en la sociedad en general. Lamentablemente, nuestra educación, ya sea impartida por nuestros padres, abuelos o la escuela, a menudo no resalta la importancia de crear estándares de belleza personalizados y de abrazar nuestros cuerpos, mentes y almas para cultivar una sensación de ser la mejor versión de nosotros mismos en términos de la belleza.

Es importante recordar que "la belleza está en el ojo del observador". Lo que una persona considera bello puede ser percibido como poco atractivo por otra, y viceversa. No hay juicio correcto o incorrecto, simplemente son diferentes perspectivas sobre la belleza. Al alentar la comprensión de que la belleza es diversa y personal, podemos contribuir a una relación más positiva y auto afirmativa con nuestras propias cualidades únicas.

Cuando te atreves a ser auténtico y exploras tus propios gustos, puedes establecer tus propios estándares de belleza en lugar de seguir los dictados de las redes sociales y los influencers. Esto te ayuda a desarrollar confianza y autenticidad. Al final del día, la persona más hermosa a tus ojos debería ser la que ves reflejada en el espejo cada mañana. Antes de salir de casa, tómate un momento para mirarte en el espejo y admirar a esa hermosa diosa o ese hombre encantador que ves. Dite a ti mismo: "Soy increíble, me ves increíble según mis propios estándares de belleza".

Influirte a ti mismo con pensamientos positivos acerca de ti mismo es la mejor manera de abrazarte plenamente. Si crees que eres hermoso, entonces cualquier opinión contraria está equivocada. ¿Por qué darle poder al pensamiento de los demás en lugar de fortalecer el tuyo propio? Si te percibes a ti mismo como hermoso y maravilloso, mantén esa idea firmemente arraigada en tu mente y nunca permitas que los pensamientos negativos sobre ti mismo tomen el control. Con el tiempo, los demás te verán de la misma manera, porque la belleza es subjetiva; es algo que puedes moldear con tu percepción y actitud.

Tomar acción es una parte crucial para hacer realidad nuestras manifestaciones. Debemos ser tanto pensadores como hacedores al mismo tiempo. Esto implica manifestar a través de las palabras habladas, visualizar en nuestra mente y crear un plan de acción para alcanzar nuestros objetivos. Dios Todopoderoso responderá a nuestras manifestaciones y nos proveerá todo lo que necesitamos para llevar a cabo nuestras acciones y convertir en realidad lo que queremos Ser, Hacer y Tener.

Dave Ramsey, un empresario estadounidense, dijo una vez: "Ora como si todo dependiera de Dios, pero toma acciones como si todo dependiera de ti". Esto significa que, si bien la oración es importante, también debemos tomar medidas concretas para lograr nuestros sueños. Si solo oramos pero no actuamos, es poco probable que veamos resultados.

Personalmente, veo la oración como si estuviera "enviando un mensaje de texto" a Dios. Después de orar, suelo esperar en un estado de meditación, sumergido en paz y amor. Las intuiciones y la voz interior que experimento en ese momento de calma son como los mensajes de Dios para mí. Si aún no has experimentado la guía divina, te recomendaría practicar la meditación de esta manera. Al esperar en un estado de paz y amor después de orar, es probable que recibas la intuición relacionada con lo que has estado pidiendo; esta es la guía divina de Dios en acción.

Cualquier bien que desees o necesites, declara que es tuyo por tu Derecho Divino. Dios es bueno y positivo, por lo que no importa la situación en la que te encuentres, mantente conectado a la vibración de Dios. Permanece siempre en sintonía con Dios y manteniendo una actitud positiva. Si te alejas de las vibraciones de Dios, experimentarás emociones negativas como la depresión, la duda, la ansiedad, el miedo, la preocupación, la ira y entre otras. Todas estas emociones te desconectarán de la vibración divina.

Las emociones negativas, el auto rechazo, auto condenación, autoculpabilidad nos debilitan y nos roban la energía.

La Biblia nos enseña a confiar en Dios en lugar de preocuparnos, estresarnos o intentar resolver las cosas por nuestra cuenta. Cuando oramos y decimos "Confío en ti, Jesús", pero aún nos sentimos llenos de preocupación, ansiedad o miedo, estamos dudando del poder de Dios sobre lo que estamos orando. Algunas personas rezan con audacia pero luego añaden expresiones de duda, pensando que no merecen lo que están pidiendo, y añadir: "Dios, sé que no soy digno de nada..." Esta actitud se llama duda, aunque a veces se confunde con humildad.

Imagina que tu hijo te llama y te dice que siente que no es digno de nada, naturalmente, te preocuparías y tratarías de animarlo, recordándole su valía y su derecho a lo mejor del mundo. Del mismo modo, cuando nos dirigimos a nuestro Padre Celestial expresando nuestra indignidad, lo desaprobamos. La culpa y la condena nos debilitan y nos alejan de la frecuencia de Dios.

En lugar de permitir que la duda, la preocupación, el miedo o la auto condenación interfieran con nuestro Derecho Divino a recibir las bendiciones de Dios, debemos sintonizarnos con sus vibraciones, acercándonos a Él con alegría, felicidad y gratitud. Recordemos que cada vez que nos alejamos de la confianza en Dios, nos apartamos de Su bondad y provisión.

A veces, el miedo, la preocupación y la ansiedad se presentan como mecanismos de defensa para protegernos de situaciones peligrosas y evitar daños. Sin embargo, la mayoría de las veces, estas emociones actúan como fuerzas destructivas que nos mantienen en vibraciones bajas, impidiendo nuestra conexión con la frecuencia de Dios. Dado que Dios está asociado con la positividad y no hay nada negativo en Él, debemos esforzarnos por mantener una mentalidad positiva, permanecer en sintonía con la frecuencia divina y declarar la belleza de todo lo que nos pertenece por nuestro Derecho Divino.

Jesús enseñó a sus discípulos a no preocuparse, estresarse o temer, sino a confiar plenamente en Dios y permitir que Él guíe el propósito de sus vidas en la Tierra. Enseñó que la preocupación y el miedo son inútiles, y nos alejan de Dios, impidiendo que recibamos Su bendición. Jesús destacó esta verdad al preguntar: *"¿Pueden ustedes, por mucho que se preocupen, añadir una sola hora al curso de su vida?" (Lucas 12:25,26).* Esto nos muestra que nuestra ansiedad y miedo son fútiles, ya que no pueden cambiar el curso de los acontecimientos. Cuando nos mantenemos positivos y nos conectamos con la frecuencia de Dios, todo se resuelve de acuerdo con Su plan divino. Cuando seguimos el camino correcto, todas nuestras necesidades serán satisfechas de manera perfecta, porque Dios se complace en darnos Su reino (Lucas 12:32).

La Prosperidad es una decisión

Algunos pueden argumentar que prefieren permanecer en la pobreza porque creen que eso los hace felices. Sin embargo, independientemente de lo que se diga en defensa de la pobreza, la realidad es que aquellos con recursos limitados no pueden satisfacer todas sus necesidades y deseos en la vida. Aunque algunos nieguen esta verdad, la falta de dinero impone restricciones y limitaciones. Es natural que los seres humanos anhelen vivir en abundancia, ya que cada individuo aspira a alcanzar su máximo potencial. Nuestro viaje en la Tierra implica aprender y experimentar la vida para evolucionar nuestras almas y acercarnos a Dios. Si haya experimentado la pobreza y la riqueza, se puede afirmar que la prosperidad es mucho más gratificante.

Durante 2021, mientras me dedicaba al trabajo de caridad en Honduras, surgió un conflicto con algunos hombres locales cercanos a mi oficina. Les molestaba la idea de que una mujer joven, ganara influencia en el mundo de los negocios mientras participaba activamente en la filantropía. Determinados a socavar mis esfuerzos, tomaron medidas en mi contra, lo que resultó en el cierre temporal de mi empresa debido a sus intenciones maliciosas. Lamentablemente, el cese de mis operaciones comerciales también puso fin a mis esfuerzos caritativos en Honduras, ya que ya no había ingresos para mantener dicho trabajo.

Cuando me encontraba sin ingresos para hacer obras de caridad, me sentía inútil para Dios porque no podía verter una taza vacía. A pesar de ello, mantenía una sonrisa e irradiaba riqueza y prosperidad dondequiera que iba, incluso en momentos de dificultad financiera. Sin embargo, la gente seguía llamándome y pidiéndome dinero. Al principio, evitaba contestar el teléfono y pedía a mi asistente que se encargara de responder a esas llamadas, disculpándome por mi ausencia. Pero en una ocasión, me encontré con una mujer a la que había apoyado anteriormente, y me pidió dinero. Le dije que no tenía dinero, y ella me miró como si fuera el peor mentiroso que había visto en su vida. Me sentí muy mal por la desconfianza que reflejaban sus ojos. Después de esa experiencia, reflexioné sobre cómo podría demostrarles a las personas que no tenía dinero cuando me pidieran donaciones.

Una noche, me paré frente al espejo. De repente quise practicar diciéndole a la gente que no tenía dinero para regalar. Le dije: *"Lo siento, no tengo dinero".* Me eché a reír de lo falsa que se veía mi cara cuando decía esas palabras. En ese momento, me di cuenta de que nunca podría convencer a nadie de que no tenía dinero. Nadie me creería porque mi energía y mi vibración generaba pura Riqueza Divina. Nunca me siento pobre, nunca pienso que pueda ser pobre, y mi mente subconsciente sostiene la verdad de que Jasmine Ly es sinónimo de Riqueza Divina y Éxito Divino. Irradio la verdad inquebrantable de que siempre vivo en abundancia de Prosperidad, una verdad que nadie, ni siquiera yo misma, pude negar. Esa noche, me acerqué a Dios como una niña pequeña rebosante de alegría y gratitud, porque lo que comprendí marcó uno de los principios más importantes para alcanzar la riqueza.

Dios desea lo mejor para cada uno de sus hijos, pero como individuos, todos buscamos lo mejor para nosotros mismos. Es difícil comprender los deseos y merecimientos de los demás, lo que a menudo conduce a conflictos entre las personas. La perfección en la justicia es inalcanzable y poco entendible. Solo cuando nos ponemos en el lugar de los demás podemos comenzar a comprender por qué Dios permite que el sol brille tanto sobre los buenos como sobre los malvados.

Entendí este principio cuando salí del primer edificio donde nació mi hotel Lotus. Dios me pidió que perdonara a todas esas personas que habían tratado de destruirme a mí y a mis negocios. Dios me entregó nuevos proyectos e ideas, para llegar más alto de lo que podía imaginar. Dios me mostró que el enemigo no me atacó por lo que yo había logrado, sino por evitar que yo logre lo que Dios tiene preparado para mi futuro. El enemigo sabía algo sobre mi futuro que es mucho más grande de lo que yo misma pude imaginar en aquel momento, por eso él quería detenerme, pero Dios estuvo a mi lado y luchó por mí. Dios me dio la Victoria Divina, entendí que mi mejor venganza contra aquellos que me lastimaron son mis éxitos y mi amor incondicional para ellos.

Cuando alcancé esa comprensión, mi actitud se llenó de gratitud y energía positiva todos los días, a pesar de que habíamos cerrado temporalmente el negocio y tenía todos los muebles en mi casa, esperando el nuevo edificio. Aunque mi equipo preocupaba que me desmoronaría o caería en un estado de depresión, todos se sorprendieron al ver la alegría y la confianza que expresaba a diario.

Declaraba y afirmaba mi futuro brillante, trabajando arduamente en todos los proyectos que Dios me presentaba. Cada día, le decía a mi equipo que estábamos un paso más cerca de comprar el nuevo edificio para reabrir el hotel y que todas las bendiciones llegarían hacia nosotros. Todos se unieron para apoyarme, sintiendo que Dios estaba elevándome. Las personas a mi alrededor eran como ángeles enviados por Dios. Me respaldaron como si fuera su misión. Con Dios al mando, mi único camino era la autopista hacia el éxito. Así es la vida cuando tú eres fiel y leal a Dios y servir al prójimos con generosidad en tu corazón, cualquier obstáculos que intentan de ir contra a ti es como ir contra la corriente del agua del río. Así fue como experimenté cuando Dios tomo el control sobre mi situación.

La prosperidad es nuestro Derecho Divino, y para proclamar ese Derecho Divino, necesitamos entender cómo obra Dios, ya que Dios busca de la humanidad la Obediencia, Reverencia, Fidelidad y Responsabilidad por nuestras acciones. Esto significa que tenemos que cumplir con nuestra parte para convertirnos en la persona que Dios nos creó para ser, para tomar acción y aprender a ser responsables de ello.

Dios siempre quiere lo mejor para nosotros y está dispuesto a guiarnos y apoyarnos en todo lo que hacemos. A lo largo de la historia de la Biblia, se ha demostrado que Dios prueba y desafía a sus hijos para que podamos aprender y dar a luz a una nueva versión de nosotros mismos. Cada persona tiene una misión diferente en la vida. Busca la guía de Dios y es entonces cuando sabes qué dirección quiere que sigas para cumplir tus misiones en la Tierra. A través de los deseos que buscan expresión dentro de ti, descubrirás tu propósito y las misiones de vida que Dios tiene para ti.

6

Puedes servir a Dios y a Su pueblo de manera más efectiva al enriquecerte

Cuando recién llegué a Honduras, conocí a un amigo que era cristiano evangélico y me invitó a la iglesia. Fui por primera vez y escuché predicar que los ricos no podían ir al cielo, que ser pobre era mejor porque no había obstáculos para que los pobres fueran al cielo. No pude procesar esa enseñanza porque iba en contra de todos los principios de riqueza que me enseñó mi abuelo. También se referían al dinero como "malo" porque pertenecía al mundo y no venía de Dios. Al salir de la iglesia, pidieron donaciones para remodelar el estacionamiento. Dijeron que necesitaban una donación mínima de L600 (30 dólares) de cada persona para alcanzar la meta de iniciar el proyecto. Como no llevaba suficiente dinero en efectivo, mi amigo me ayudó para completar los $30 para esa donación. Después de ese día, me sentí confundido. Pensé, si el dinero era "malo" según lo predicado, entonces ¿por qué la congregación pedía algo que consideraban "malo"? Se referían a los ricos como pecadores, pero aplaudían cuando veían a los ricos donar todo su dinero "malo" a la iglesia. El Evangelio de la Pobreza que predicaban contradecía sus acciones. Esta predicación quedó grabada en mi mente durante mucho tiempo. Mi razonamiento lógico se oponía a la idea de que la pobreza acerca a las personas a Dios y la prosperidad las aleja.

Los líderes de todo el mundo saben que la clave principal para manipular a la gente es mantenerla en la pobreza. El Evangelio de la Pobreza también tiene el mismo propósito de mantener a los creyentes en el mismo ciclo de pobreza, la enseñanza de que si eres pobre, entonces dependes de Dios para todo y estarás más cerca de Él, suena a amor con ciertas condiciones. Si Dios te provee lo que necesitas, entonces lo amas. Entonces, lo amas porque lo necesitas, y si ya no lo necesitas, ¿cambiaría este amor?

Si vives bajo la prosperidad y utilizas todas las vías disponibles para glorificar el nombre de Dios y su amor por el mundo, ¿no es eso amor incondicional? ¿No le agrada más a un padre ver a sus hijos prosperar y triunfar? Si agrada a un padre humano, ¿cuánto más agradaría a nuestro Padre

Celestial? ¿Creó Dios a Adán para verlo luchar por el pan de cada día? Las Escrituras dicen que Dios le dio a Adán todo lo que necesitaba; Dios quería que disfrutara del paraíso. Dios quiere que su pueblo sea próspero y exitoso y también que lo haga sentir orgulloso. Él no quiere controlarte y verte vivir en la pobreza y la carencia.

Permítanme hacerles una pregunta a todos los padres de todo el mundo: "¿Les gustaría que su hijo fuera pobre para que pueda depender de ustedes, y de esa manera puedan asegurarse de que los amará por el resto de su vida?" Por supuesto que no, entonces siendo hijo de Dios ¿por qué crees que Dios quiere verte pobre?

En la realidad del mundo, cuando una persona de bajo recursos habla, sus palabras a menudo pasan desapercibidas. Las palabras de las personas más ricas e influyentes tienen una inmensa influencia, captando la atención de todo el mundo. Tener influencia y riqueza en su posesión proporciona una oportunidad para servir mejor a Dios y a Su pueblo. Eclesiastés 9:14-16 nos cuenta la historia de una persona que es inteligente pero pobre, y su sabiduría se pasa por alto porque la gente a menudo subestima a los pobres y no considera que sus ideas sean valiosas:

"Había una pequeña ciudad sin mucha gente dentro. Un poderoso rey lo atacó. Lo rodeó y se preparó para romper las murallas. Allí vivía alguien que era pobre, pero tan inteligente que podría haber salvado la ciudad. Pero nadie pensaba en él. Siempre he dicho que la sabiduría es mejor que la fuerza, pero nadie piensa que los pobres son sabios ni presta atención a lo que dicen" (Eclesiastés 9:14-16).

Durante el tiempo que hice mi pasantía en el Banco Centroamericano, vi el presupuesto destinado a los regalos de Navidad para los hijos de todos los ejecutivos del banco. La secretaria de recursos humanos me pidió que participara en una lluvia de ideas en grupo, donde intentábamos determinar qué tipo de regalos podríamos comprar para esos niños. Dado que no les faltaba nada, resultaba difícil pensar en el tipo de regalos que realmente aprovecharían. Al observar el presupuesto, deseé que, en lugar de esforzarnos por decidir qué comprar para esos niños ricos, esos fondos pudieran destinarse a adquirir comida y ropa para los niños sin hogar, los niños enfermos en los hospitales públicos o las familias de bajos recursos económicos. Pero yo era sola un pasante, mi idea de ayudar a los niños necesitados con esos presupuestos se queda conmigo. Desde entonces, pensé en lo útil que es que si las personas de influencia y poder sirven a Dios, pueden hacer mucho por el pueblo de Dios y ayudarlos de la manera más efectiva.

Nadie puede regalar de lo que no tienes. Es indiscutible que puedes servir a Dios y a su pueblo de la manera más efectiva haciéndote próspero. Pero en círculos de los creyentes, muchas personas alababan la pobreza. Mi amigo, un pastor que predica el Evangelio de la Pobreza, me dijo: "No es necesario tener un bolsillo profundo para ayudar a los demás, todo lo que necesitas es tener un corazón para ayudar". Sin embargo, es importante clasificar diferentes tipos de necesidades. Si un hombre se está muriendo de hambre y le das un abrazo, ¿lo salvarías de morir de hambre? Si tienes conocimiento pero tienes el bolsillo vacío, puedes enseñarle a un hombre a pescar, pero si no tiene dinero para comprar la caña de pescar, no puede comenzar a pescar. El argumento que no necesita dinero para ayudar a los pobres es simplemente ilógico, porque la pobreza es la falta de dinero. La pregunta aquí debería ser: ¿cómo podemos utilizar el dinero para ayudarlos a salir de la pobreza enseñándoles a ganar dinero por sí mismos, para que puedan asumir la responsabilidad de sus vidas?

Cada vez que un deseo queda insatisfecho debido a la falta de capacidad financiera, se experimentan limitaciones en todos los aspectos de la vida, obligando a retener la verdadera autoexpresión para vivir una vida plena. Si sabes que tener una casa bonita y cómoda puede iluminar las caras de tus seres queridos, entonces no estarías satisfecho al ver que limitan su felicidad al vivir en la escasez.

La verdad es que negar la importancia del dinero no te hace parecer superior, sino más bien ignorante. Incluso las necesidades emocionales y sociales pueden transformarse en alegría al recibir cosas como regalos o viajes a los destinos de tus sueños... Solo el dinero puede hacer que todo eso sea posible. El dinero en tus manos puede ayudarte a expresar tu amor hacia tu pareja en un nivel más alto de romanticismo con regalos, flores, viajes, comida o permitiendo que otros traten a tu ser querido como una reina o un rey con servicios y productos de alta calidad.

Por otro lado, es importante reconocer que tener un corazón dispuesto a ayudar a los demás es el primer paso para servir a Dios y su pueblo, pero con un bolsillo vacío ni siquiera puedes ayudarte a ti mismo. ¿Cómo podrías ayudar a los demás en esas circunstancias? La pobreza se define como la falta de recursos financieros, y una persona con el bolsillo vacío se considera necesitada. El argumento de que los ricos te darán dinero para dárselo a los pobres no es válido en este contexto. Porque eso implicaría que deseas ser un intermediario entre los ricos y los pobres, pero ese es otro tema.

De acuerdo con la pirámide de Maslow sobre la jerarquía de necesidades, la pobreza se clasifica como la carencia de necesidades fisiológicas y necesidades de seguridad: comida, agua, sueño, vivienda, ropa. Todas esas necesidades requieren dinero para ser satisfechas. Sin dinero, estamos limitados en nuestra capacidad para ayudar a los demás. Si tienes un buen corazón y deseas brindar servicio a los demás, entonces necesitas dinero para hacerlo. Hacerse rico es la mejor manera de servir a Dios y a Su pueblo.

Una persona rica con un corazón humilde que se somete al servicio de Dios puede ser un instrumento poderoso para Él, porque para servir a Dios y a Su pueblo se requiere dinero. Cuando Dios te utiliza para responder a la oración de otra persona, eso significa que estás sirviendo a Dios. La mayoría de las peticiones que las personas necesitadas hacen a Dios requieren dinero para ser respondidas. Si eres rico y tienes un corazón humilde para servir a Dios, entonces pídele a Dios que te use para servir a su pueblo. Te sorprenderás de cómo Dios comenzará a poner a esas personas necesitadas en tu camino y empezará a usarte para responder a los miles de oraciones en tu país o en todo el mundo.

Cuando renací de nuevo en Cristo, le pedí a Dios que me usara como un instrumento poderoso para servir a su pueblo. Fue entonces cuando me dio el llamado para hacer misiones de pueblo a pueblo en Honduras. Dios quiere que te hagas rico para que puedas ser su poderoso instrumento en la Tierra. Dorothy Parker, una poetisa estadounidense, dijo:

"Si quieres saber lo que Dios piensa del dinero, solo mira a las personas a las que se lo dio."

El dinero es Dios en acción, pero para que eso suceda, el dinero debe estar en manos de las personas que tienen el corazón para servir a Dios. Todas las personas buenas deben ser ricas y prósperas para que puedan vivir una vida llena de alegría y servir a Dios y a su pueblo de la manera más efectiva.

La provisión de Dios es ilimitada y proviene de muchos canales ocultos e inesperados, pero sabemos que siempre usará a una persona para responder a la oración de otra. Hacerse rico es una meta difícil de lograr en la vida. Es por eso, muchos empresarios ricos tienen cuidado de no donar su dinero al servicio de Dios, porque obtuvieron riqueza mediante la acumulación y el trabajo duro. También es posible que quieran trascender su riqueza a diferentes generaciones en su línea familiar.

Tuve algunos amigos e inversionistas que me advirtieron sobre mi trabajo de caridad mientras hacía misiones en Honduras. Admiraban mi corazón y mi dedicación para servir a las personas necesitadas a una edad temprana, pero tenían miedo de que me volviera pobre al dar. Cuando se trata de ser generoso, todos ellos me miran como ejemplo. Puedo donar fácilmente entre $5,000 y $10,000 mientras mis negocios se consideran pequeñas empresas. Sus negocios son grandes, pero donar entre $100 y $500 ya es mucho para ellos. Ellos se aferran al principio de acumulación, sosteniendo que la reinversión es la única forma de crear riqueza, lo cual es totalmente correcto. Pero vivo con finanzas sobrenaturales; mi fe en Dios hace que todo sea posible. Todo el dinero que doy a las personas necesitadas se multiplica y regresa de una manera diferente. Dios me abrió muchas puertas para reunirme y ser amigo de diferentes empresarios e inversionistas alrededor del mundo, para que pudieran ayudarme con mis negocios.

Ser emprendedora puede ser un camino solitario y desafiante para una mujer. Estoy de acuerdo con lo que dijo Albert Einstein:

"La mujer que sigue a la multitud no suele ir más allá de la multitud. La mujer que camina sola es probable que se encuentre en lugares en los que nadie ha estado antes".

Mi fe en Dios me mantiene en marcha, y sé que Él es quien me guía para convertirme en la mujer que Él me creó para ser.

Algunos amigos me han sugerido que debería recibir donaciones para la Fundación Jasmine Ly y disfrutar de la vida de una misionera, sirviendo al pueblo de Dios en todo el mundo. Les he dicho a mis amigos que ser un intermediario, tomar dinero de los ricos para servir a los pobres, no es lo que quiero. No nací para ser un intermediario, sino para ser una inspiración para las personas necesitadas, para que salgan de su miseria y pobreza y proclamen su derecho divino a hacerse ricos. Mi objetivo es demostrarles que pueden levantarse haciéndose ricos. Mi pasión es hacer negocios, generar ingresos y crear oportunidades de trabajo para otros. Por eso le pido a Dios que me ayude en mis negocios. No le pido a Dios que me use como intermediario entre los ricos y los pobres.

Ser el instrumento de Dios en la Tierra requiere obediencia y flexibilidad para estar dispuesto a ir más allá de tu zona de confort para servir. Si has sido misionero, sabes que no es fácil, pero es tu llamado y tu libre albedrío de servir. Mi llamado de Dios es servir a su pueblo en el tema de las Finanzas y cambiar la mentalidad de aquellos que viven bajo la carencia y el sufrimiento; no es un viaje fácil para mí. Contra viento y marea, Dios me levantó y aquí estoy, llegando al mundo desde un país de Centroamérica con los índices más altos de violencia y pobreza, diciéndole al mundo que es un pecado ser pobre y que la prosperidad es nuestro Derecho Divino.

La educación financiera debería ser parte fundamental del currículo escolar desde una edad temprana. Este derecho al conocimiento sobre el manejo del dinero no debe ser negado a nuestros hijos, especialmente si nos importa sinceramente el futuro del planeta y su desarrollo. La contaminación, el cambio climático y muchos otros problemas globales tienen sus raíces en la pobreza mental. Aquellas personas inmersas en la lucha diaria por la supervivencia apenas pueden permitirse el lujo de preocuparse por el calentamiento global.

La vida no sonreirá a los perezosos y llenos de excusas. O elegimos controlar nuestra propia vida o ser víctimas de la sociedad y dejar que nos controle. Todos debemos recordar que siempre tenemos una opción en la vida. El universo, Dios, el creador de todo, lo ve todo. Nadie se queda atascado si esa persona entiende la visión de 360 grados que Dios tiene sobre su vida y la vida de todos los demás. "Pide y se les darán", no estás atascado, Dios tiene la salida Divina para ti, la dirección correcta que te lleva a cumplir tu destino.

Cuando la vida se te viene encima, puedes elegir entre quedarte herido o ser sabio. La mayoría de las personas se sienten bien siendo víctimas para llamar la atención de los demás, pero la montaña frente a ti es para que la escales, no para que la cargues, tiene que levantarte y proclamar tus riquezas. La riqueza en tu mano es Dios en acción. Dondequiera que vayas, debes irradiar Luz, Amor, Belleza, Alegría, Riqueza y tener un flujo de energía positiva en ti.

La vida es un regalo, un regalo invaluable que Dios nos da, así que asumamos la responsabilidad de nuestra vida. No estamos aquí en la Tierra solo para disfrutar de nuestra vida al máximo, sino también para aprender a amarnos a nosotros mismos y a los demás, y a servir a los demás de la manera en que nos servimos a nosotros mismos. A veces, perdiéndonos en el servicio a los demás, encontramos una vida con sentido y el propósito de aquello por lo que estamos viviendo.

7

La administración interior para una vida plena

En la búsqueda de una vida más significativa y satisfactoria, existen seis elementos fundamentales que son clave para tomar el control absoluto: tu mente, tus emociones, tus acciones, tus decisiones, tu tiempo y tu dinero. Estos componentes no solo definen quiénes somos, sino que también moldean nuestra experiencia diaria y determinan el rumbo de nuestras vidas. Al entender la importancia de cada uno de estos elementos y aprender a gestionarlos de manera efectiva, podemos cultivar un mayor sentido de propósito, bienestar y realización en todas las áreas de nuestra existencia. En este sentido, explorar cómo podemos influir en estos aspectos nos brinda la oportunidad de desarrollar una vida más consciente, equilibrada y plena.

Mente

Tu mente es la llave principal de tu ser, tiene un control absoluto sobre ti y por eso debes protegerla. En ella residen información, conocimiento y tus experiencias de vida. Ten cuidado con el tipo de información que consumes a diario. Existe información buena y mala, así que debes ser selectivo y filtrarla antes de permitir que entre en tu mente. Siempre debes ser cauteloso con la información que consumes diariamente. El tipo de información que ves, lees o escuchas determinará la mentalidad saludable que mantienes.

Si paso la mayor parte de tu tiempo viendo noticias sobre desastres en todo el mundo, sería normal que percibiera el mundo como un lugar peligroso. Si dedica la mayor parte de tu tiempo a leer información negativa, impactaría fuertemente en tu mente, y sin darte cuenta, te convertiría en una persona negativa, dejando que eso influya en tu perspectiva de la vida. Si pasas suficiente tiempo con una persona negativa, tarde o temprano, te volverás negativo y ni siquiera te darás cuenta.

El entorno tiene un impacto significativo en las personas, especialmente en los niños. Si los niños tienen padres positivos que ejercen una influencia positiva sobre ellos, es probable que desarrollen confianza en sí mismos y una mentalidad positiva desde temprana edad. Si la escuela imparte clases centradas en enseñar a los niños a controlar su mente, emociones, acciones, decisiones, tiempo y dinero, es probable que un alto porcentaje de niños en el mundo logren el éxito y actúen de manera positiva en la vida. Cuando un adolescente puede dominar su mente, es probable que adquiera claridad para identificar sus pasiones en la vida y su propósito. Dominar la mente debería ser una materia muy importante en el nuevo sistema educativo.

No puedo expresar lo suficiente sobre la importancia de alimentar nuestra mente con la información correcta y saludable para que cada uno de nosotros pueda encontrar el equilibrio en la vida y mantener su hermoso ritmo y melodía. Si quieres mantenerte positivo, feliz, lleno de alegría e irradiar Amor, Luz y Riqueza, entonces la información con la que alimentas tu mente debe tener el mismo nivel de vibración. Si la Positividad y la Alegría están en el Sur, entonces la Negatividad y la Depresión están en el Norte. Subir al norte no puede ayudarte a llegar al sur. Eso significa que al alimentar tu mente con información negativa, no puedes esperar mantenerte alegre y feliz. Atrévete a decir no a la información negativa cuando alguien se acerque a ti para depositar toda esa negatividad en ti. Si no proteges tu mente, nadie más lo hará. Atrévete a evitar leer, mirar o escuchar información negativa que no te aporte Positividad, Alegría, Amor y Luz.

Emociones

Mi sobrina, Liann, me dijo una vez: "Tía Jasmine, ¿sabes que las emociones sacuden el mundo?" "¡Correcto!" confirmé su pregunta.

El mundo en el que vivimos hoy es el resultado de muchas decisiones tomadas basadas en las emociones de nuestros líderes mundiales. A menudo escuchamos consejos sobre vaciar nuestras preocupaciones o resentimientos para crear espacio para la felicidad. Desafortunadamente, la vida no viene con un manual sobre cómo lidiar con esas emociones. El amor también es un estado emocional que somos incapaces de controlar. Quien dijo que podía controlarse para no enamorarse, dijo una mentira. Tal vez esa persona no ha experimentado el impacto de su propia llama gemela, el amor a primera vista, o simplemente no se ha enamorado realmente. El estado emocional es un tema complicado para la humanidad. La buena noticia es que, cuando proviene de uno mismo, es posible controlarlo. Lo creas o no, pero nuestras emociones son controlables si nos entrenamos con determinación para ponerlas bajo el control de nuestra poderosa mente y trabajamos de la mano con la voluntad de la autodisciplina en nuestra vida diaria.

Existen numerosos métodos probados que han demostrado ser efectivos para controlar y reducir la ira. Salir a caminar, respirar profundamente, practicar ejercicio para relajarse, pensar antes de hablar, utilizar el humor para liberar la tensión, hablar cuando ya te encuentras tranquilo o entrenarte para aparentar calma incluso en momentos de enojo son estrategias eficaces. Aunque este último método pueda sonar peculiar, tu cerebro tiene la capacidad de enviar señales para reflejar una expresión tranquila en tu rostro, incluso cuando tu corazón late rápido por la ira. A través de la práctica constante, puedes lograrlo, ya que una vez que dominas tu mente, puedes elegir sentirte de la manera que desees en cualquier momento.

La clave radica en identificar el tipo de carácter emocional que posees y que podría necesitar cambio. Por ejemplo, una persona con problemas de ira puede iniciar el cambio admitiendo que la ira es uno de sus desafíos y expresando el deseo de encontrar una solución para reducirla. Por otro lado, si alguien con problemas de ira no acepta que esta emoción es un problema, será difícil que cambie, ya que el primer paso de dar solución a un problema es admitir que existe el problema.

En general, cuando las emociones surgen en nosotros, de alguna manera, necesitan ser liberadas. Una persona explosiva permitirá que su emoción explote y luego, lo más probable, se disculpará por cualquier daño causado por su explosión emocional. Por otro lado, una persona más tranquila intentará evitar su emoción hasta que la presión sea suficiente, explotando en privado o desahogándose con un amigo o familiar de confianza. En algunos casos, las emociones pueden explorarse a través de la escritura, el canto, el baile, liberar energía física, correr, gritar o llorar en privado.

Algunas personas optan por mantenerse ocupadas para no prestar atención a esa emoción. Sin embargo, evitar enfrentar la emoción en crecimiento puede ser más perjudicial a largo plazo. Cuando evitas confrontarla, permanece allí, acumulándose día a día, y puede consumirte lentamente, generando nuevos comportamientos para intentar tapar esa emoción acumulada. Con el tiempo, puede engañarte haciéndote creer que esos comportamientos son parte de tu personalidad natural.

Después de todo, no existe un método efectivo que funcione igual para todos en el control de las emociones. Ya que el proceso para aprender a lidiar con las propias emociones es una experiencia personal. Una técnica pueda ser efectiva para algunas personas, puede no serlo para otras. Puedo asegurarles que para tener éxito pleno en la vida, es necesario aprender a conquistar las emociones, es decir, dominarlas y no permitir que dirijan tu vida. En el ámbito del liderazgo, dominar las emociones es una habilidad crucial, ya que sin la capacidad de controlar las propias emociones, un líder carece de la capacidad de inspirar a otros a seguir.

Controlar las emociones no es fácil, por naturaleza tus acciones suelan causado por tus emociones, analizando de esta manera: recibes un impulso de tu mente para sentirte de cierta manera y actuar de cierta manera. La mayor parte del tiempo tu cuerpo recibe mensajes de tu cerebro. Sin embargo, cuando las emociones se intensifican, esos emociones pueden tomar el control y dominar tu mente. Es entonces cuando actúas sin pensar, sin control de la mente sobre sus acciones, sino impulsado únicamente por tus sentimientos y emociones. Ese es el momento en que permitimos que nuestras emociones dirijan nuestra vida.

Ahora bien, ¿por qué no queremos que nuestras emociones controlen nuestra vida? Porque existen emociones negativas y emociones positivas. Digamos que deseamos que las emociones positivas influyan en nuestra vida, pero no queremos que las emociones negativas tomen el control. Por lo tanto, es crucial identificar todas las emociones positivas y permitir que influyan de manera positiva en nuestra vida. Por otro lado, también debemos identificar todas las emociones negativas y entrenar a nuestro cerebro para dominarlas y aprender de utilizarlas para servirnos de forma positiva, o al menos evitar el impacto negativo que pueda causar en nuestra vida.

Aquí hay una lista de algunas emociones positivas:

- Paz
- Amor y cariño
- Alegría y entusiasmo
- Felicidad
- Confianza y seguridad
- Gratitud y agradecimiento
- Pasión y determinación
- Vitalidad
- Humildad y contribución
- Empatía y comprensión
- Generosidad
- Flexibilidad
- Curiosidad

Está claro que buscamos más de esas emociones positivas en nuestra vida y en la vida de nuestra familia y amigos. ¿Quién no se sentiría bien estando cerca de una persona feliz y alegre, que también es cariñosa y afectuosa? ¿Quién no quiere ser amigo de alguien con una mentalidad positiva, siempre motivándonos a alcanzar nuestro máximo potencial en la vida? ¿A quién no le gustaría tener un amigo o un familiar que vea nuestra capacidad para alcanzar nuestros sueños y nos anime a atrevernos a soñar en grande, tomando acción para hacer realidad esos sueños? ¿Quién no querría sentirse amado por los demás? Es innegable que las emociones positivas son las que dan vida a esa hermosa melodía, coloreando la vida con un hermoso arcoíris e impactando misteriosamente cada situación de nuestra vida.

Si enseñamos a nuestros hijos desde pequeños sobre el impacto significativo de estas emociones positivas en sus vidas, lo más probable es que, al crecer, sepan cómo vivir sus vidas con el buen impacto de esas emociones positivas. Es probable que elijan rodearse de amigos y familiares igualmente positivos, convirtiéndose así en personas que tienen un efecto positivo en su entorno.

Para un adulto, una vez que nos damos cuenta de que las emociones positivas dan sentido a nuestra vida y le aportan alegría y emoción, elegiríamos permitir que más de esas emociones positivas dominen nuestro ser. Nos iluminaríamos con una gran sonrisa, nos equilibraríamos a través de ese ritmo de vida y bailaríamos nuestro camino por la vida. La verdad es que no necesitas una razón específica para ser feliz; puedes decidir sentirte feliz en cualquier momento.

Soy una persona alegre. Todos los que me conocen recuerdan mi sonrisa. Utilizo mi sonrisa a pesar de cómo me siento por dentro. Desde que la pandemia golpeó al mundo, he aprendido a sonreír con los ojos. Nunca tengo problemas con ser feliz, ser positiva y alegre en mi entorno. Dejo que Dios lleve mi carga y lucho diarias para permanecerme en paz y armonía.

Ante cualquier dificultad que enfrento en mi vida. Simplemente sé que Dios convertiría todo lo que sucede en una bendición para mí. Los contratiempos siempre destinados para prepararme a alcanzar un nivel más alto. Aprendí que solamente encontrar paz y armonía en mi corazón durante las crisis y batallas si rindo verdaderamente a Dios y confías en Él al 100. No puedo expresar lo suficiente cuánto amor tengo por Dios. Jesús es el Amor de mi vida, el sacrificó su vida por mí, y el mayor anhelo de mi corazón es hacerlo sentir orgulloso de mi.

Ahora, identifiquemos esas emociones o sentimientos negativos:

- Miedo
- Estrés
- Preocupación
- Enojo
- Depresión
- Desinterés
- Tristeza
- Rechazo
- Incomodidad
- Inferioridad o sentirse indigno
- Impotencia o desesperanza
- Dolor
- Frustración
- Soledad
- Decepción
- Sentirse como una víctima

Ahora tenemos claro que esas emociones negativas probablemente tengan un impacto negativo en la calidad de nuestra vida. En algunos casos, pueden servir como estrategia para lograr ciertos objetivos, pero no analizo esos casos aquí. Solo quiero señalar el impacto natural de esas emociones negativas en nuestra vida y cómo podemos usar nuestro cerebro para dominarlas y emplearlas en nuestro beneficio. Al hacerlo, nos ayuda a crecer, aprender a superar obstáculos en la vida, fortalecernos y aprender a controlarlas para reducir el impacto negativo que afecta la calidad de nuestra vida.

La gran pregunta es: ¿cómo podemos encontrar una forma universal de mantener nuestro cerebro alerta cada vez que esas emociones negativas comienzan a surgir en nosotros? La respuesta es sencilla. Nuestra mente consciente debería ser capaz de detectarlo en cuanto alguna de esas emociones negativas empiece a surgir, pero necesita un poco de ayuda con la determinación que hay dentro de nosotros, para que emita una orden de acción y tome la iniciativa en ese preciso momento.

Por ejemplo, cada vez que te sientas estresado, estableces inmediatamente una resolución y le dices a tu cerebro: "¡contrólalo ahora!" Tu mente reaccionará y dejará de permitir que el estrés se muestre en tu rostro, tu voz o a través de tu lenguaje corporal. En su lugar, eliges una emoción positiva para expresar tu estrés. Este reemplazo puede ser una sonrisa o una actitud de agradecimiento y seguido con un respiración profundo. Esta acción se puede hacer para evitar que el estrés genere un impacto negativo en tu entorno o en ti mismo. Después de eso, puedes seguir adelante sin darle el poder principal a tu estrés. Sé que tu estrés no desaparecerá hasta que hayas descansado lo suficiente, pero en ese momento específico en el que surge, no debes permitir que te domine para evitar contagiar el entorno y los seres queridos, en cambio debes dominarlo con una emoción positiva.

Las emociones negativas pueden servir como una buena enseñanza para que abracemos más nuestras emociones positivas. Sin la tristeza, no sabríamos valorar nuestros momentos felices. Sin estar cansados, no sabríamos lo bien que se sentiría relajarnos. En algunos casos, pasar por un momento difícil nos cuesta mucho sufrimiento por todo tipo de emociones negativas, pero todo ese sufrimiento puede ser útil para una persona como bloques de ladrillos, que edifican a una persona fuerte y valiente que Dios quiere crear para servir a un propósito específico.

Por supuesto, encontramos un resultado más positivo cuando entrenamos nuestra mente para dominar nuestras emociones negativas, pero a veces está bien dejarlo salir de una manera adecuada. Dejar que esa emoción negativa explote para que puedas liberarte también es una buena manera de liberarla. Otras veces, puedes pedirle a Dios que lo lleve por ti. Confía en él y busca su ayuda. Él se preocupa y siempre se preocupa por ti. Todo lo que necesitas es tener fe en Dios y pedirle que te dé entendimiento de tu emoción en tu situación, porque eventualmente todas las cosas trabajan juntas para servir al propósito de Dios para tu vida.

Decisiones

La vida consiste en tomar una serie de decisiones una y otra vez, y la cualidad de nuestras decisiones determina la cualidad de nuestra vida. A medida que vamos creciendo, ganamos independencia y aprendemos a tomar decisiones por nosotros mismos. Nuestro éxito depende de la calidad de las decisiones que tomamos, ya sean pequeñas o grandes. Es crucial entrenarnos a elegir la mejor opción para nosotros. La verdad es que a veces no sabemos realmente si una decisión es buena o mala hasta que vemos el resultado, pero hay maneras de mejorar nuestras elecciones en cada situación. Formular más preguntas nos proporciona más información para facilitar la toma de decisiones. Hacer la pregunta correcta puede marcar la diferencia en la calidad de la información que obtenemos, y por lo tanto influir en nuestra decisión.

Antes de conocer a Dios, solía utilizar el método de la decisión del Árbol, evaluando los pros y los contras de diversas opciones para obtener claridad y tomar decisiones informadas. También buscaba la orientación de personas con experiencia para obtener información valiosa. Ahora, con Dios en mi vida, consulto cada decisión con Él. Confío en su guía, ya que puedo sentir la aprobación divina en lo más profundo de mi corazón. Después de orar y consultar con Dios, mi corazón me dirige hacia la mejor decisión, manifestando paz y armonía cuando considero una opción. A veces, he experimentado la voz interna de Dios, ya que Él utiliza diversas formas creativas para comunicarse con nosotros. Me he entrenado para reconocer sus señales, escuchar su voz y seguir mi intuición, especialmente cuando experimento paz en mi corazón y mente después de la oración.

En cualquier situación que requiera una decisión en nuestra vida, es crucial tomar una decisión. Cuanto más tiempo demoremos en decidir, más tiempo pasaremos en un estado de espera, sin avanzar. Dios es maravilloso, siempre está dispuesto a guiarnos hacia la mejor decisión cada vez que buscamos Su ayuda.

La capacidad de toma de decisión es una habilidad crucial que todo debemos aprender a dominar muy bien. Eso nos permite ser independientes y librarnos de cualquier manipulación innecesaria por parte de otras personas. La incapacidad para tomar nuestras propias decisiones puede convertirnos en víctimas de situaciones no deseadas en la vida. Si dependemos de otros para tomar nuestras decisiones, quedamos susceptibles a su manipulación e influencia. Es positivo buscar consultas y recopilar información antes de decidir, pero es fundamental asegurarnos de que la decisión sea nuestra elección, que provenga de nosotros, para lograr el resultado deseado.

Acciones

"Las acciones hablan más que las palabras".

Las acciones son el resultado de lo que nuestra mente está pensando y de las emociones que nos impulsan a actuar. Si una persona es capaz de dominar su mente y controlar sus emociones, todas sus acciones estarán bajo su control. Cuando no logramos controlar nuestras emociones y las dejamos explotar a través de nuestras acciones o palabras, es probable que nuestra reacción tenga un impacto negativo en nosotros y en las personas que nos rodean. A veces, esto puede llevarnos a situaciones vergonzosas que provocan conflictos o la necesidad de disculparnos por nuestras acciones. Por lo tanto, el control de nuestras acciones depende de cuán bien controlemos nuestra mente y nuestras emociones.

A algunas personas les encanta hablar mucho y nunca actúan. Se convierten en expertos en el equipo de pensadores, mientras que otros pasan a la acción y hablan menos, convirtiéndose en el hacedor al que le encanta ver los resultados de las acciones y puede ser algo antisocial. La mejor manera es mantener un equilibrio. Practicar hablar en público y tomar la iniciativa para las acciones puede ayudarnos a ser más proactivos en la vida.

Tiempo

"El tiempo es lo que más queremos, pero lo que peor usamos".

Desde que comencé mis negocios, me di cuenta de que el éxito de mi vida dependía de mi éxito anual. Mi éxito anual dependía entonces de mi éxito mensual. Mi éxito mensual dependía de mi éxito semanal, y mi éxito semanal dependía de mi éxito diario. Entonces, me pregunté *"¿Cómo puedo medir mi éxito diario, semanal, mensual y anual para poder tener una vida exitosa?"*. Me di cuenta de que la clave para medirlo era saber controlar mis actividades y ajustarlas a una línea de tiempo.

Es innegable que una de las claves más importantes del éxito es saber controlar el tiempo. Pero técnicamente, el tiempo no es controlable. La persona más rica y la persona más pobre del mundo tienen la misma cantidad de tiempo en un día, 24 horas. Nadie tiene más y nadie tiene menos, así que no puedes controlar el tiempo. Dado que el tiempo no es controlable, controlar su tiempo significa controlar sus actividades para que se ajuste a sus 24 horas al día.

Para controlar mi actividad, me di cuenta de que necesito saber claramente cuáles son mis actividades con anticipación. De lo contrario, simplemente caminaré sin dirección. Para saber claramente cuáles son mis actividades, en primer lugar, necesito saber cuáles son mis objetivos, y después de eso, puedo realizar actividades para lograr esos objetivos.

Para hacer una lista de actividades diarias, necesito saber mis objetivos semanales con anticipación. Para hacer la lista de actividades semanales, necesito saber mis objetivos mensuales con anticipación. Para hacer la lista de actividades mensuales, necesito saber mis objetivos anuales con anticipación. Puedes tener metas a corto y largo plazo dependiendo del tipo de sueños que quieras lograr en la vida.

Ahora, ya sé cuáles son mis actividades diarias. Para tener éxito en el control de mi tiempo, debo asignar mis actividades con una línea de tiempo. Tener una fecha límite para cada actividad es la forma más eficiente de hacer mis tareas rápidamente y evitar la procrastinación.

Tengo un gran calendario que contiene mis metas semanales, metas mensuales y metas anuales. Siempre está a la vista en mi escritorio de trabajo, donde puedo alcanzarlo y revisarlo fácilmente. El gran calendario contiene actividades semanales y actividades mensuales. En base a eso, creo mis actividades diarias de acuerdo con mis actividades semanales y mensuales pre-organizadas, para no desviarme del camino y continuar trabajando hacia mis objetivos. A veces, debido a nuevos eventos o nuevas ideas que surgen en el camino, reajusto mis objetivos si es necesario.

Debo recalcar que los objetivos semanales y mensuales son muy importantes, y debes revisarlos diariamente cuando escribas tu agenda para el día siguiente. Uno de mis clientes sigue esta técnica. Me dijo que funciona muy bien, y que hora él puede hacer mucho más en un día y tiene tiempo para hacer todo lo que quiere hacer. Seis meses después, vino a mi oficina para mostrarme los resultados. Revisé su progreso y noté que sus actividades diarias no se alineaban con sus metas mensuales y anuales. Administraba bien sus actividades diarias, pero se olvidaba de revisar las metas semanales y mensuales mientras escribía su agenda todos los días. Sus objetivos iban hacia el sur, pero sus actividades diarias funcionaban hacia el norte. Cuando se lo señalé, se sorprendió tanto de que tuviera esas metas que no las terminó durante esos 6 meses. Todo esto se debió a un pequeño error y a que subestimó la rutina diaria de revisar sus metas semanales y metas mensuales en su gran calendario mientras preparaba su agenda de actividades diarios.

Utilizo una mini agenda para anotar mis actividades diarias porque la agenda viene con franjas horarias. Cada página de la agenda viene con números que van del 8 al 17, es decir, de 8:00 a.m. a 5:00 p.m. Puedo escribir mis actividades allí, la página tiene líneas entre las horas, puedo poner 8:15 a.m., 8:30 a.m. u

8:45 a.m. al comienzo de una línea vacía. De esa manera, mis actividades están bien adjuntas con un cronograma y una fecha límite.

Requiere autodisciplina y determinación para trabajar y vivir una vida con actividades pre-organizadas con plazos para ellas. Por lo general, pongo "coffee break" 2 veces en mi agenda durante el día. Una "coffee break" es de 10:00 a.m. a 10:15 a.m. y la segunda "coffee break" es de 2:45 p.m. a 3:00 p.m. De esa manera, mi cuerpo no se sobrecarga solo con actividades durante el día. Durante mi "coffee break" suelo estar de pie los 15 minutos. Utilizo 5 minutos para las redes sociales y los 10 minutos para estirar mi cuerpo, ir al baño o caminar por la oficina.

Debido a que pre-organizó mis actividades del día siguiente, tengo una actividad llamada "organizar la agenda para mañana" de 4:00 p.m. a 4:20 p.m. todos los días. Por casualidad, si hay una actividad que no termino ese día, la paso a la lista del día siguiente.

Al día siguiente, cuando me siento en mi escritorio, reviso mi agenda pre-organizada y le agrego o ajusto algo si es necesario. Siempre divido mi agenda en 2 columnas, la segunda columna es para que escriba el ajuste en la mañana si tengo alguna actividad inesperada o emergencia que surja ese día.

Después de todo, al conocer tus metas y las acciones que debes tomar para alcanzarlas, te conviertes en el capitán del barco de tu vida. Creas tu propio destino visualizando todas tus metas y actividades anuales. Porque eres responsable de tu vida. Es tu deber ser próspero y exitoso en la vida y una de las claves más importantes del éxito es saber controlar tu tiempo.

Controlar tu tiempo es bastante fácil cuando pones la tarea de controlar el tiempo como una de tus principales actividades antes de salir del trabajo diariamente. Recuerda revisar siempre tu gran calendario para conocer tus objetivos semanales, mensuales y anuales cuando estés haciendo tu agenda diaria. Puede reajustar tus objetivos y tus actividades en cualquier momento de acuerdo con los nuevos eventos que surjan en el camino.

Todo lo que hagas, recuerda que es un trabajo en equipo, hagas tu parte, y Dios se encarga de parte imposible, recuerda siempre, cualquier cosa que esté fuera de tu control, déjala en manos de Dios. Nunca debes preocuparte por cosas que no puedes controlar ni puedes cambiar.

Dinero

A lo largo de este libro, has aprendido la importancia de tomar el control de tu dinero y administrarlo como el Comandante de tu dinero. Haz que tu dinero trabaje para ti y recuerda "Dar al César lo que es del César y a Dios lo que es de Dios". Necesitamos dinero para obtener casi todos los materiales que necesitamos en la vida. Debemos tener disciplina para convertirnos en un buen administrador de dinero para tener éxito en la vida.

***

Al reflexionar sobre estos seis elementos y su impacto en nuestra vida, queda claro que somos los capitanes de nuestro propio barco. Nosotros tenemos el poder de dirigir el rumbo de nuestras vidas y tomar decisiones que influyen en nuestro destino. Al comprender y tomar control absoluto de nuestra mente, emociones, acciones, decisiones, tiempo y dinero, nos empoderamos para navegar por las aguas de la existencia con determinación y claridad. Cada elección que hacemos y cada dirección que tomamos contribuyen a dar forma a nuestro viaje vital. En última instancia, somos responsables de nuestras propias acciones y el curso que decidimos seguir. Así que, recordemos siempre que el timón está en nuestras manos, y que depende de nosotros decidir qué camino seguir en la travesía de nuestra vida.

8

Principios Financieros de la Biblia

Dios nos brindó sabiduría financiera eterna en la Biblia, con una profunda guía para administrar el dinero en nuestra vida diaria. Como un buen Padre enseña a sus hijos, Dios nos instruye en muchos principios sobre cómo establecer metas, hacer planes, crear presupuestos, ahorrar e invertir, para que podamos aplicarlos en nuestra vida cotidiana. Nos prepara para la Prosperidad Divina, ya que esta llega con la responsabilidad de administrarla y hacerla crecer. Por lo tanto, debemos equiparnos con habilidades hábiles para manejar el peso de la bendición financiera de Dios.

1. Hacer planes y presupuestos

Tener un plan y mantener un presupuesto son componentes cruciales del bienestar financiero, ya que nos proporcionan una hoja de ruta para alcanzar nuestros objetivos.

En Lucas 14:28-30, se nos presenta una parábola que ilustra este principio:

"Supongamos que alguno de vosotros quiere edificar una torre. ¿No te sentarás primero y estimarás el costo para ver si tienes suficiente dinero para completarlo? Porque si pones los cimientos y no eres capaz de terminarlo, todos los que lo vean se bularán de ti, diciendo: 'Esta persona comenzó a construir y no pudo terminar'".

Este pasaje aconseja una planificación y consideración cuidadosas antes de emprender cualquier esfuerzo significativo. Utilizando la metáfora de la construcción de una torre, enfatiza la importancia de estimar los costos y garantizar los recursos adecuados antes de comenzar un proyecto. Si no se hace esto, podría resultar en un proyecto incompleto, sometiendo a uno al ridículo. El versículo fomenta la previsión prudente y la toma de decisiones responsables en la búsqueda de objetivos a largo plazo.

Proverbios 21:5 dice:

"Los planes de los diligentes conducen a la ganancia, como la prisa a la pobreza".

Este versículo transmite que la planificación cuidadosa y diligente resulta en prosperidad, mientras que la prisa conduce a la pobreza. Subraya la importancia de los esfuerzos reflexivos y estratégicos, sugiriendo que la planificación minuciosa y la diligencia son factores clave para lograr el éxito y evitar las consecuencias negativas asociadas con las acciones impulsivas.

Proverbios 6:6-8 dice:

"¡Ve a la hormiga, perezoso! Observa sus caminos y vuélvete sabio. Sin jefe, administrador o gobernante, prepara sus provisiones en verano; recoge su alimento durante la cosecha".

Este pasaje nos enseña la importancia de la previsión financiera, ya que nos prepara para lo inesperado. La analogía de las estaciones en este versículo nos recuerda que la vida tiene sus propias estaciones, y es vital planificar y anticiparlas para estar preparados cuando lleguen. El margen financiero nos proporciona el espacio y las herramientas necesarias para atravesar estas estaciones con éxito, así como para enfrentar las sorpresas que la vida pueda traer.

Establecer objetivos a largo plazo y adoptar una mentalidad visionaria son fundamentales para el crecimiento personal y profesional. Los objetivos a largo plazo actúan como una brújula que nos guía hacia el futuro, proporcionando dirección y propósito en nuestras vida diaria. Son una fuente de motivación que nos impulsa a persistir y ser resilientes ante los desafíos que enfrentamos.

Por otro lado, tener una visión clara nos permite trascender las circunstancias inmediatas, fomentando la innovación y la creatividad al pensar más allá de lo evidente. Una mentalidad visionaria nos ayuda a identificar tendencias y oportunidades que pueden no ser obvias a corto plazo, permitiéndonos adaptarnos y anticiparnos al futuro. Tanto los objetivos a largo plazo como el pensamiento visionario contribuyen a la planificación estratégica al desglosar metas ambiciosas en pasos alcanzables. Esta alineación entre nuestras acciones y aspiraciones impulsa un progreso constante y nos lleva al éxito a lo largo del tiempo. En conjunto, estos elementos crean una sinergia poderosa que nos permite moldear nuestro destino con intencionalidad, adaptabilidad y un sentido profundo de propósito.

2. Gastar menos de lo que se gana y ahorrar

Gastar menos de lo que se gana y ahorrar para invertir es un principio esencial para mantener un buen estado financiero. Al mantener una diferencia entre los ingresos y los gastos, se abre la oportunidad para el ahorro. Cuando ese ahorro se invierte de manera estratégica, puede generar ingresos adicionales y promover el crecimiento financiero a largo plazo. Este enfoque disciplinado fomenta la estabilidad financiera, facilita el logro de metas y establece las bases para un futuro seguro y próspero.

Proverbios 13:11 dice:

"La riqueza ilusoria disminuyen rápidamente, el que la junta poco a poco, la aumenta".

Este versículo destaca la importancia de la acumulación gradual en contraposición a la adquisición rápida. Sugiere que la riqueza obtenida de forma apresurada o por medios rápidos tiende a disminuir con rapidez. Por el contrario, la construcción de riqueza de manera constante y gradual conduce a un crecimiento sostenible a lo largo del tiempo. Este proverbio promueve la paciencia, la diligencia y una visión a largo plazo en asuntos financieros, subrayando el valor perdurable de un enfoque metódico y paciente para acumular prosperidad.

Proverbios 21:20 dice:

"En casa del sabio hay riquezas y lujos, pero el necio gasta todo lo que tiene".

Este versículo contrasta el comportamiento de los sabios y los necios en la gestión de sus ingresos. Sugiere que aquellos que son sabios en materia financiera no solo acumulan riquezas, sino que también disfrutan de los lujos que estas proporcionan. Por otro lado, los necios, debido a su gasto excesivo, agotan rápidamente todo lo que ganan. Este proverbio destaca la importancia de la sabiduría y la prudencia en el manejo del dinero, señalando que una administración responsable de los ingresos conduce a la prosperidad y al bienestar duradero.

Génesis 41:34-36 dice:

"Que el faraón ponga comisionados sobre la tierra para que tomen la quinta parte de la cosecha de Egipto durante los siete años de abundancia. Deben recoger todo el alimento de estos años buenos que se avecinan y almacenar el grano bajo la autoridad de Faraón, para guardarlo en las ciudades como alimento. Este alimento debe mantenerse en reserva para el país, para ser utilizado durante los siete años de hambre que vendrán sobre Egipto, para que el país no sea arruinado por el hambre".

En este pasaje del Génesis, José interpreta un sueño que el faraón tenía sobre siete vacas gordas pastando junto a un río que fueron tragadas por siete vacas flacas. José concluye que las siete vacas gordas en el sueño representan siete años de prosperidad para Egipto, que serán seguidos por siete años de hambruna. Para planear con anticipación para este desastre, José le aconseja al faraón que almacene grano durante los siete años buenos y use ese grano almacenado para que el país supere los siete años difíciles que siguen.

Ahorrar con prudencia durante períodos de bonanza es una práctica sabia que establece una red de seguridad para enfrentar tiempos difíciles. En la actualidad, las recesiones económicas, la pérdida de empleo o los gastos médicos imprevistos son desafíos más comunes que las hambrunas literales. Sin embargo, la estrategia fundamental, que recuerda la sagacidad de José, sigue siendo relevante: asignar fondos para emergencias imprevistas. Este fondo de emergencia se convierte en un recurso vital, ofreciendo estabilidad financiera durante adversidades inesperadas y garantizando una base financiera sólida en momentos difíciles.

Para muchas personas, vivir al día es lo normal. Carecen de cualquier margen o fondo de emergencia adicional. Esta falta de margen puede generar una gran ansiedad. Cuando ocurre algo inesperado, la ausencia de un colchón financiero significa que un gasto inesperado puede convertirse rápidamente en deuda y desencadenar problemas financieros más graves.

3. Inversión y diversificación

Invertir y diversificar son elementos clave para alcanzar el éxito financiero. La inversión permite que el dinero crezca con el tiempo, mientras que la diversificación distribuye el riesgo entre diferentes activos, lo que protege la cartera contra posibles pérdidas. Juntos, estos dos principios mejoran el potencial de rentabilidad y ofrecen un enfoque equilibrado para la creación y preservación de la riqueza.

Eclesiastés 11:1 dice:

"Invierte tu dinero en el comercio exterior, y un día de estos obtendrás ganancias".

Este versículo promueve la idea de diversificar las inversiones al sugerir la sabiduría de invertir en comercio internacional. Indica que participar en el comercio global puede generar ganancias a largo plazo. Aboga por un enfoque financiero visionario y consciente del riesgo, resaltando los posibles beneficios de ampliar la cartera de inversiones más allá de las fronteras nacionales.

Eclesiastés 11:2 dice:

"Pon tu inversión en varios lugares, incluso en muchos lugares, porque nunca sabes qué clase de mala suerte vas a tener en este mundo".

Este versículo reconoce la imprevisibilidad de la vida y la posibilidad de enfrentar desafíos inesperados. Al diversificar las inversiones, se puede mitigar el impacto de los riesgos específicos de cada área, lo que mejora la resistencia general de la cartera financiera. Esta sabiduría promueve un enfoque reflexivo y estratégico para la gestión del patrimonio, preparando a las personas para enfrentar las incertidumbres que puedan surgir en la vida.

Eclesiastés 11:6 dice:

"Plantad por la mañana y también por la tarde. Nunca se sabe si crecerá bien o si una plantación lo hará mejor que la otra".

Este versículo promueve un enfoque proactivo y constante en los esfuerzos, instando a las personas a sembrar semillas tanto en la mañana como en la noche. Reconoce la incertidumbre sobre el éxito, destacando la importancia del esfuerzo continuo y la adaptabilidad. Esta sabiduría habla de la naturaleza impredecible de los resultados y resalta el valor de mantener una dedicación constante, abogando por una ética de trabajo resistente ante las incertidumbres.

4. Evita las deudas

Evitar las deudas es esencial para mantener la salud financiera y la tranquilidad. La deuda a menudo implica el pago de intereses, lo que agota los recursos financieros que de otro modo podrían ser ahorrados o invertidos. Vivir dentro de nuestras posibilidades y evitar los préstamos innecesarios reduce el estrés y nos otorga la libertad de tomar decisiones basadas en nuestras preferencias personales en lugar de obligaciones financieras. Un estilo de vida libre de deudas fomenta la independencia, preserva las relaciones y nos proporciona la flexibilidad para adaptarnos a las circunstancias cambiantes. Además, contribuye a un historial crediticio positivo, abriendo las puertas a futuras oportunidades. Al mantenernos alejados del ciclo de la deuda, podemos asegurar nuestro bienestar financiero, disfrutar de una vida más satisfactoria y construir una base sólida para el éxito a largo plazo.

Proverbios 22:7 dice:

"Los ricos gobiernan a los pobres, el prestatario es sirviente del prestamista".

Este versículo advierte sobre las consecuencias de las deudas financieras, destacando la pérdida de autonomía y el desequilibrio de poder que pueden surgir de las obligaciones financieras. Nos alienta a ser conscientes de nuestras decisiones financieras, enfatizando la importancia de la prudencia, la independencia y la gestión responsable de dinero para evitar caer en la esclavitud financiera debido a las deudas.

5. Trabaja inteligentemente, trabaja duro y usa el tiempo sabiamente

Para alcanzar el éxito, es crucial adoptar una combinación poderosa de trabajar de manera inteligente y trabajar arduamente. Trabajar de forma inteligente implica pensar estratégicamente, planificar y tomar decisiones informadas para maximizar la eficiencia y la efectividad, aprovechando al máximo nuestras habilidades, recursos y oportunidades. Por otro lado, trabajar arduamente implica dedicación, perseverancia y esfuerzo constante para alcanzar nuestros objetivos. Al combinar estos dos enfoques, creamos una fórmula poderosa para el éxito. Es importante ser intencionales en nuestros esfuerzos, mantenernos enfocados en nuestros objetivos y buscar constantemente formas de optimizar nuestro trabajo. Recordemos que el camino hacia el éxito requiere tanto estrategias inteligentes como trabajo duro dedicado. Al aceptar ambos aspectos, veremos cómo nuestros esfuerzos nos llevan a logros significativos y sostenibles.

El manejo sabio del tiempo es fundamental para la eficiencia, la productividad, el crecimiento personal y el logro de metas significativas. Además, promueve el equilibrio, reduce el estrés y contribuye al éxito a largo plazo. Dado que el tiempo es un recurso invaluable, su gestión efectiva es esencial para llevar una vida plena y con propósito.

Proverbios 20:13 dice:

"Si pasas tu tiempo durmiendo, serás pobre. Mantente ocupado y tendrás mucho que comer".

Este versículo advierte contra la pereza y la pérdida de tiempo, sugiriendo que la inactividad puede llevar a la pobreza. En cambio, enfatiza la importancia de mantenerse ocupado y ser diligente para asegurar nuestro bienestar y sustento.

Proverbios 12:24 dice:

"El trabajo duro te dará poder, el ser perezoso te hará esclavo".

Este pasaje nos recuerda la importancia del esfuerzo constante y diligente, señalando cómo el trabajo duro puede empoderarnos mientras que la pereza puede conducirnos a la esclavitud de nuestras propias limitaciones.

Proverbios 14:23 dice:

"Trabaja y te ganarás la vida, si te sientas a hablar serás pobre".

Este pasaje resalta la importancia del trabajo activo y constante para asegurar nuestro sustento, mientras que la inactividad puede conducir a la pobreza. Nos recuerda que el esfuerzo y la dedicación son fundamentales para alcanzar el éxito financiero y la prosperidad.

1 Tesalonicenses 4:11,12 dice:

"Proponte vivir una vida tranquila, ocuparte de tus propios asuntos y ganarte la vida, tal como te dijimos antes. De esta manera te ganarás el respeto de los que no son creyentes, y no tendrás que depender de nadie para lo que necesitas".

Este consejo destaca la importancia de la responsabilidad financiera y la autosuficiencia. Nos anima a vivir de manera tranquila, ocupándonos de nuestras propias necesidades y trabajando para ganarnos la vida. Al hacerlo, no solo nos ganamos el respeto de los demás, sino que también evitamos depender de los demás para cubrir nuestras necesidades. Esto promueve una vida equilibrada, respetable y digna de imitar dentro de la comunidad.

II Corintios 9:6-9 dice:

"Considerad esto: el que siembra poco, poco cosecha, y el que siembra mucho, mucho cosecha".

Este versículo enfatiza la relación entre la generosidad y la abundancia. Nos recuerda que la cantidad y calidad de lo que cosechamos está directamente relacionada con lo que sembramos. Al sembrar con generosidad, no solo en términos materiales, sino también en amor, bondad y compasión, cosecharemos de manera abundante en diversas áreas de nuestra vida. Este pasaje nos alienta a adoptar un espíritu de apertura y a entender la importancia de dar generosamente, sabiendo que nuestra generosidad será recompensada de manera equivalente.

6. Disciplina, consistencia y determinación

La integración armoniosa de la disciplina, la consistencia y la determinación forma una tríada dinámica que impulsa a los individuos hacía el éxito. La disciplina establece una base estructurada, proporcionando el marco necesario para una acción intencional y enfocada. La consistencia, presente en los esfuerzos diarios, garantiza un progreso continuo y un crecimiento a lo largo del tiempo. La determinación, con su voluntad inquebrantable de superar obstáculos, actúa como la fuerza motriz que alimenta la resiliencia ante los desafíos. Juntas, estas cualidades crean una sinergia poderosa, una fórmula ganadora que nos permite sortear obstáculos, mantener un enfoque firme en nuestras metas y, en última instancia, alcanzar resultados significativos y duraderos. Esta combinación es el catalizador del triunfo personal y profesional, convirtiendo las aspiraciones en logros tangibles y sostenidos a lo largo del tiempo.

1 Timoteo 4:7 dice:

"Disciplínate a ti mismo para el propósito de la piedad".

Este versículo anima a los creyentes a cultivar la autodisciplina y a dedicarse de manera intencional al crecimiento espiritual y la rectitud. Destaca la importancia de desarrollar hábitos, comportamientos y una mentalidad que estén alineados con los principios de la piedad. Sugiere que la verdadera piedad requiere disciplina personal y un compromiso deliberado de vivir de acuerdo con la fe de uno. Este llamado a la disciplina sirve como un recordatorio de que la madurez espiritual y una vida piadosa no ocurren por casualidad, sino que son el resultado de esfuerzos intencionales y una búsqueda disciplinada de una vida que refleje la devoción de uno a Dios.

Proverbios 12:1 dice:

"Para aprender, debes amar la disciplina, es estúpido odiar ser corregido".

Este versículo sugiere que tener un deseo genuino de aprender implica recibir la orientación, la retroalimentación y la corrección con una mente abierta y una actitud positiva. Resistirse a la disciplina o a la corrección puede obstaculizar el crecimiento personal e intelectual. La frase enfatiza la importancia de la humildad y la disposición para aceptar la crítica constructiva como valiosas oportunidades de mejora. En esencia, enfatiza que el amor por el aprendizaje está intrínsecamente ligado al aprecio por la disciplina y la corrección, las cuales contribuyen al desarrollo y la comprensión continuos.

Filipenses 4:13 dice:

"Todo lo puedo en Cristo que me fortalece".

Este versículo nos insta a enfrentar los desafíos con determinación y confianza, recordándonos que podemos superar cualquier obstáculo con la fuerza que recibimos de nuestra conexión espiritual con Cristo. Ha sido una fuente de inspiración para muchos, sirviendo como un recordatorio de la fuerza interior y el coraje que proviene de una fe profunda y duradera en Cristo.

7. Usar nuestros logros para glorificar a Dios

Usar nuestros logros para glorificar a Dios es una forma poderosa de expresar gratitud y fe. Cuando atribuimos nuestros éxitos y logros a un propósito superior, demostramos que reconocemos que nuestras habilidades y oportunidades son dones de Dios. Al compartir nuestros logros de una manera que señala hacia Dios, no solo mantenemos la humildad, sino que también inspiramos a otros a reconocer la presencia divina en sus propias vidas. Transformamos el éxito personal en un testimonio de la gracia y la dirección de Dios, lo que promueve un sentido de propósito y alineación con los valores espirituales. Además, utilizar nuestros logros para glorificar a Dios refleja una profunda comprensión de que nuestros talentos y logros no son solo para nuestro propio beneficio, sino que forman parte de una narrativa más amplia guiada por la fe y la devoción.

Proverbios 3:9 dice:

"Honra al Señor con tus riquezas y con las primicias de todos tus frutos".

Este versículo resalta el principio de ofrecer lo mejor y lo primero de nuestros recursos como un gesto de respeto y gratitud hacia Dios. Cuando recibe tus salarios, debes apartar primero el 10% como la primicias de tus frutos para honrar al Dios. El reconocimiento que todas las bendiciones provienen de Dios te conduce a la prosperidad Divino. Este principio no solo refleja nuestra fe, sino también la importancia espiritual de ser buenos administradores del ingresos.

Proverbios 19:17 dice:

"El que es generoso con el pobre, presta al Señor, y él le pagará por sus obras".

Este versículo transmite un profundo principio de reciprocidad divina en los actos de generosidad. Sugiere que cuando uno muestra bondad y generosidad hacia los necesitados, es como si estuviera prestando al Señor mismo. Esto subraya la importancia espiritual de ayudar a los menos afortunados, destacando la conexión entre las acciones compasivas y un propósito superior. La promesa de retribución por parte del Señor refleja la creencia en la bendición divina por actos de bondad y caridad, enfatizando cómo la compasión humana está intrínsecamente ligada a la bendición espiritual. Este versículo inspira a participar en actos de generosidad con la confianza en que tales acciones contribuyen a una dinámica espiritual más amplia.

Entender que Dios lo posee todo, en el Salmo 24:1 dice:

"Del Señor es la tierra y todo lo que hay en ella, el mundo y todos sus habitantes."

Parte de comprender que Dios lo posee todo es reconocer que somos responsables de nuestras decisiones financieras. Esta perspectiva fomenta un sentido de responsabilidad en la gestión y el uso prudente de los recursos, alineando las acciones con los valores divinos. Fomenta la gratitud por las bendiciones recibidas y enfatiza la importancia del altruismo, la generosidad y la administración consciente en la forma en que manejamos nuestras posesiones.

A medida que implementamos estos principios en nuestra vida, podemos experimentar la paz que proviene de alinear nuestras decisiones financieras con un propósito superior. Para afirmar nuestro derecho divino a la prosperidad, debemos comprender que la verdadera prosperidad va de la mano con una vida vivida en armonía con los principios eternos de las palabras de Dios.

9

Las promesas de Dios sobre la provisión

Uno de los conceptos erróneos más grandes que enfrenté cuando renací en Cristo fue la idea de que no necesitaba hacer nada más que creer en Dios, y que todo lo que quisiera sucedería milagrosamente para una persona con una fe fuerte. Esto me llevó a esperar durante un año sin tomar ninguna acción adicional, excepto orar con fe y manifestación poderosa. Sin embargo, no logré nada más que aprender la lección de aterrizar suavemente en el suelo y enfrentar la realidad de que debía tomar mis propias decisiones y acciones precisas para alcanzar mis metas. Es posible que algunos de ustedes hayan escuchado el consejo de "Ten fe, deja todo en manos de Dios, Él se encargará de todo por ti'. Sin embargo, es importante tener cuidado con cómo se interpreta este tipo de consejos, ya que sin acciones concretas, nada sucederá. Los principios financieros anteriores también sustentan eso.

Imagina el escenario cuando Dios dividió el Mar Rojo para Moisés. Ese gran milagro ocurrió mientras Moisés tomaba acciones hacia la meta de liberar al pueblo de la esclavitud. El milagro sucede cuando tú estás tomando acciones hacia tus metas y te enfrentas desafíos que es imposible para tu capacidad humana, ahí es cuando Dios interviene en tu situación y convierte lo imposible en posible. Es un trabajo en equipo, tú haces todo lo que está en tu mano y Dios realiza lo imposible por ti, para que la gloria sea para Él a través de tus logros.

Como creyente, tenemos que aprender a trabajar en equipo con Dios y atrevemos a soñar en grande. Un pequeño sueño que está dentro de nuestras capacidad de lograr no permite que Dios brille a través de él. Como dijo George Müller, un héroe de la fe:

"La fe no opera en el reino de lo posible. No hay gloria para Dios en lo que humanamente es posible. La fe comienza donde termina el poder del hombre".

Cuando sueñas en grande y tus metas parecen imposibles de alcanzar por tus propios medios, entonces la gloria de Dios brilla cuando lo logras.

Las promesas de Dios sobre la provisión aseguran a los creyentes que Él satisfaga todas nuestras necesidades, tanto materiales como espirituales. Este compromiso divino se refleja en escrituras como Mateo 6:26-33, donde Jesús alienta a sus seguidores a no preocuparse por sus necesidades básicas, como la comida y la ropa, porque Dios los conoce y se preocupa por ellos. Esta promesa se fundamenta en la idea de que si Dios cuida de las aves del cielo y de los lirios del campo, con mayor razón proveerá para aquellos que confían en Él. Es una seguridad que va más allá de las necesidades materiales, abarcando también el bienestar espiritual y emocional de quienes confían en Dios.

En Filipenses 4:19 encontramos la siguiente promesa reconfortante:

"Por lo tanto, mi Dios les dará a ustedes todo lo que les faltes, conforme a las gloriosas riquezas que tiene en Cristo Jesús".

Este pasaje nos asegura que el mismo Dios que cuidaba del apóstol Pablo también proveerá todo lo que necesitamos. Dios es una fuente inagotable de riquezas, y gracias a nuestra conexión con Jesucristo, estamos unidos a este suministro abundante. Por lo tanto, esta promesa nos recuerda que Dios cuida de nosotros y se asegurará de que tengamos todo lo que necesitamos.

Proverbios 10:22 afirma:

"La bendición del Señor enriquece al hombre, y no añade tristeza con ella".

Este versículo destaca que cuando Dios bendice a alguien, trae consigo riqueza y prosperidad, y lo que es aún más importante, no se acompaña de tristeza ni problemas. Es una afirmación positiva de la bondad y el gozo que acompañan a las bendiciones del Señor.

En 2 Corintios 9:8 se afirma:

"Y Dios puede hacer que toda gracia abunde para ustedes, de manera que siempre, en toda circunstancia, tengan todo lo necesario, y toda buena obra.".

Este versículo expresa la idea de que Dios proporcionará abundantemente todas las necesidades. La promesa no se trata solo de tener suficiente para uno mismo, sino de tener más que suficiente para compartir generosamente con los demás. Fomenta una mentalidad de abundancia y de compartir las bendiciones de Dios.

También encontramos la promesa de provisión de Dios en Jeremías 17:7-8:

"Bendito el hombre que confía en el Señor, y pone su confianza en él. Será como un árbol plantado junto al agua, que extiende sus raíces hacia la corriente; no teme que llegue el calor, y sus hojas están siempre verdes. En época de sequía no se angustia, y nunca deja de dar fruto".

Este pasaje transmite un mensaje poderoso sobre las bendiciones que se obtienen al confiar en el Señor. Aquellos que ponen su esperanza y confianza en el Señor son comparados con árboles plantados junto a un río. Las imágenes evocan estabilidad y nutrición, retratando una vida arraigada profundamente en la fe. Estas personas, al igual que los árboles bien cuidados, permanecen resistentes incluso en tiempos difíciles. No se ven afectadas por las adversidades o las sequías prolongadas. En cambio, mantienen su vitalidad, produciendo frutos constantemente. En esencia, el versículo promueve una confianza constante en Dios, describiéndola como una fuente de fuerza y productividad perdurables.

Jeremías 29:11 es uno de mis versículos favoritos:
"Porque yo sé los planes que tengo para ustedes", declara el Señor, "planes para prosperarlos y no para dañarlos, planes para darles esperanza y un futuro".

Este versículo es una seguridad reconfortante del Señor. Comunica que Dios tiene planes específicos para cada individuo, planes que están destinados a traer prosperidad en lugar de daño. La intención es ofrecer esperanza y un futuro prometedor. Esencialmente, enfatiza la benevolencia de las intenciones de Dios y Su deseo por el bienestar y el desarrollo positivo de aquellos que confían en Él.

Las promesas de provisión que se presentan en estos versículos sirven como fuentes inquebrantables de consuelo y seguridad. Al reflexionar sobre las palabras que declaran el compromiso de Dios de satisfacer nuestras necesidades, encontramos consuelo en la naturaleza inmutable de Sus promesas. Esas seguridades no son meras palabras, sino anclas para nuestra fe, que nos cimentan en la certeza de que nuestro Padre Celestial se preocupa íntimamente por cada aspecto de nuestra vida.

El relato de 1 Reyes 17 nos ofrece un poderoso ejemplo de la provisión divina en tiempos de escasez. Durante una época de grave sequía en la tierra de Israel, cuando la hambruna acechaba y los recursos escaseaban, Dios escogió al profeta Elías como instrumento para demostrar su poder y fidelidad hacia su pueblo. En medio de la desolación, Dios no abandonó a su siervo, sino que actuó de manera sorprendente y extraordinaria para proveer para él y para aquellos a su alrededor.

En primer lugar, Dios envió cuervos para alimentar a Elías en el torrente de Querit, trayéndole pan y carne cada mañana y cada tarde. Esta intervención divina no solo aseguró la supervivencia física del profeta en un tiempo de necesidad extrema, sino que también reveló la providencia sobrenatural de Dios sobre aquellos que confían en Él.

Además, cuando el arroyo se secó debido a la prolongada sequía, Dios dirigió a Elías a la casa de una viuda en Sarepta. A pesar de que la viuda y su hijo enfrentaban una situación desesperada, apenas tenían suficiente harina y aceite para hacer una última comida antes de esperar la muerte, Dios intervino nuevamente. Elías, confiando en la palabra de Dios, le pidió a la viuda que primero hiciera una pequeña torta para él, prometiendo que Dios no agotaría sus provisiones de harina y aceite hasta que la lluvia volviera a la tierra. La viuda, movida por la fe, obedeció, y presenció un milagro sobrenatural: la harina y el aceite no se agotaron, sino que continuaron multiplicándose día tras día, asegurando la subsistencia de ella, su hijo y el profeta durante toda la sequía.

Este relato no solo revela la capacidad de Dios para proveer en tiempos de escasez, sino que también destaca su fidelidad a sus promesas y su disposición para utilizar medios inusuales para cuidar y proteger a aquellos que le sirven. En medio de nuestras propias dificultades y desafíos, podemos encontrar consuelo y esperanza en la certeza de que el mismo Dios que proveyó para Elías y la viuda en tiempos de sequía es el mismo Dios que está dispuesto a proveer para nosotros hoy. Su amor y cuidado son inagotables, y su provisión es siempre suficiente para nuestras necesidades.

El pasaje de Juan 6:35 nos ofrece una poderosa imagen de Jesús como el "pan de vida".

"Yo soy el pan de vida; el que a mí viene, nunca tendrá hambre; y el que en mí cree, no tendrá sed jamás."

En este contexto, Jesús se dirige a una multitud hambrienta tanto física como espiritualmente, y les revela que Él es la fuente última de satisfacción para el alma humana. Así como el pan físico nutre y sustenta nuestro cuerpo, Jesús nos ofrece nutrición espiritual que trasciende las necesidades terrenales y sacia los anhelos más profundos de nuestra alma. Esta declaración de Jesús nos recuerda que nuestra verdadera saciedad y plenitud solo se encuentran en una relación íntima con Él.

Además, en Juan 14:2-3, Jesús ofrece consuelo y esperanza a sus discípulos prometiendo preparar un lugar en la casa del Padre para ellos. Esta promesa no solo es una garantía de un futuro glorioso en la presencia de Dios, sino también una expresión del profundo amor y cuidado de Jesús por sus seguidores. Él asegura a sus discípulos que no están destinados a estar solos o perdidos, sino que tienen un lugar asegurado en la eternidad, donde experimentarán plenamente la comunión con Dios.

Estas promesas de Jesús no solo abordan nuestras necesidades espirituales y eternas, sino que también nos dan una visión del profundo deseo de Dios de estar en relación íntima con sus hijos. Jesús no solo nos ofrece la provisión material que necesitamos en este mundo, sino que también nos brinda una esperanza y una seguridad inquebrantable para el futuro. En medio de las incertidumbres y desafíos de la vida, podemos encontrar consuelo y confianza en estas promesas, sabiendo que nuestra verdadera satisfacción y nuestro hogar eterno se encuentran en Jesús y en la presencia amorosa de Dios.

A medida que navegamos por el viaje de la vida, podemos aferrarnos a la creencia de que la provisión de Dios se extiende más allá de lo material y abarca nuestras necesidades emocionales, espirituales e interpersonales. Sus promesas no dependen de nuestros méritos, sino que son un testimonio de su gracia ilimitada y de su amor inagotable.

Todas estas promesas de Dios pueden ser una fuente de fortaleza en tiempos de incertidumbre, recordándonos que la fidelidad de Dios es inquebrantable. En momentos de necesidad, podemos recurrir a estas seguridades y encontrar en ellas el valor para confiar, la resiliencia para perseverar y la fe para creer que nuestro Proveedor Celestial cumplirá fielmente Sus promesas.

10

Gratitud y Amor

Gratitud

Sí tan solo pudiera influir en otras personas para que estén agradecidas por las pequeñas cosas que tienen actualmente en su vida, entonces habría más personas alegres y felices que tendrían empatía para tratarse unos a otros con amabilidad y amor, y estarían dispuestos a tender la mano para bendecir a los demás. Debido a que alguien puede tenerlo todo y no apreciar lo que tiene, se siente como si no tuviera nada y se sintiera infeliz. Mientras que alguien con muy pocos recursos puede sentirse profundamente agradecido por lo poco que tiene, dando la impresión de poseerlo todo y ser muy feliz, no es la felicidad la que nos hace agradecidos, sino el agradecimiento el que nos hace felices. Por lo tanto, la gratitud está íntimamente ligada a vivir una vida significativa y plena. La alegría debe ser la base que impulse nuestra energía en cada acción que realizamos a diario. Cuando estamos llenos de alegría, estamos dispuestos a hacer más, y lo hacemos todo con pasión.

La gratitud es una cualidad poderosa que tiene numerosos beneficios tanto para nuestra vida espiritual como para nuestra salud mental y emocional. La Biblia nos ofrece muchas enseñanzas sobre la importancia de la gratitud y cómo practicarla en nuestras vidas.

La gratitud tiene un impacto positivo en nuestra salud mental y emocional. En Filipenses 4:6-7, se nos anima a no preocuparnos por nada, sino en cambio, a orar y dar gracias a Dios en todas las situaciones.

"No se preocupen por nada; en cambio, oren por todo. Díganle a Dios lo que necesitan y denle gracias por todo lo que él ha hecho. Así experimentarán la paz de Dios, que supera todo lo que podemos entender. La paz de Dios cuidará su corazón y su mente mientras vivan en Cristo Jesús."

Este acto de dar gracias está vinculado a experimentar la paz de Dios que trasciende todo entendimiento, lo que puede ayudar a aliviar la ansiedad y el estrés.

Expresar gratitud fortalece las relaciones interpersonales. En Colosenses 3:16-17, se nos insta a ser agradecidos y a enseñar y amonestar a los demás con gratitud en nuestros corazones.

"Que el mensaje de Cristo, con toda su riqueza, llene sus vidas. Enséñense y aconséjense unos a otros con toda la sabiduría que él da. Canten salmos e

himnos y canciones espirituales a Dios con un corazón agradecido. Y todo lo que hagan o digan, háganlo como representantes del Señor Jesús y den gracias a Dios Padre por medio de él."

La gratitud cultivada en nuestras relaciones crea un ambiente de aprecio mutuo y fortalece los lazos entre amigos, familiares y comunidades.

Cuando estamos agradecidos, nos ayuda a cultivar la humildad al reconocer que todas nuestras bendiciones provienen de Dios. En Santiago 1:17 dice:

"Todo lo que es bueno y perfecto es un regalo que desciende a nosotros de parte de Dios nuestro Padre, quien creó todas las luces de los cielos. Él nunca cambia ni varía como una sombra en movimiento."

Este versículo nos recuerda que toda buena dádiva y todo don perfecto viene de lo alto, descendiendo del Padre de la luz. Al reconocer esto, cultivamos un corazón humilde que reconoce nuestra dependencia de Dios y su generosidad constante.

Si tenemos la gratitud, tenemos la alegría y la paz interior. En 1 Tesalonicenses 5:16-18 dice:

"Estén siempre alegres. Nunca dejen de orar. Sean agradecidos en toda circunstancia, pues esta es la voluntad de Dios para ustedes, los que pertenecen a Cristo Jesús."

Este pasaje nos insta a regocijarnos siempre, orar sin cesar y dar gracias por todo, ya que esta es la voluntad de Dios para nosotros en Cristo Jesús. La práctica de la gratitud nos ayuda a enfocarnos en las bendiciones en lugar de en las dificultades, lo que lleva a una mayor alegría y paz en nuestras vidas.

Un corazón agradecido es como un imán para más bendiciones. En Lucas 6:38, Jesús enseña que con la medida con que midamos, se nos dará; y con la medida con que ustedes midan, se les medirá.

"Den y se les dará: se les echará en el regazo una medida llena, apretada, sacudida y desbordante. Porque con la medida con que midan a otros, se les medirá a ustedes."

Practicar la gratitud nos ayuda a abrirnos a recibir más bendiciones de Dios, ya que reconocemos y valoramos lo que ya hemos recibido. Al practicar la gratitud de acuerdo con las enseñanzas de la Biblia, experimentamos paz, alegría y una profunda conexión con Dios y con los demás.

A final, la gratitud es una virtud poderosa que transforma nuestras vidas de manera significativa. A lo largo de la historia y en diversas culturas, se ha reconocido su valor como un elemento esencial para el bienestar y la felicidad. A través de la práctica de la gratitud, no solo reconocemos las bendiciones que hemos recibido, sino que también cultivamos una perspectiva de abundancia y apreciación hacia la vida y hacia los demás.

La gratitud nos lleva a enfocarnos en lo positivo, incluso en medio de las dificultades, y nos ayuda a encontrar alegría y paz en cada situación. Nos enseña a valorar lo que tenemos en lugar de lamentarnos por lo que nos falta. Además, la gratitud fortalece nuestras relaciones interpersonales, creando un ambiente de aprecio mutuo y conexión genuina con los demás.

Desde una perspectiva espiritual, la gratitud nos lleva a reconocer y agradecer a Dios como la fuente de todas las bendiciones en nuestras vidas. Nos ayuda a cultivar una actitud de humildad y dependencia de Dios, reconociendo su amor y bondad constante hacia nosotros. Además, la gratitud nos invita a vivir con un corazón abierto y agradecido, listo para recibir y compartir amor, bondad y generosidad con el mundo que nos rodea. Es un recordatorio constante de que la vida está llena de razones para dar gracias, y que al cultivar la gratitud en nuestras vidas, encontramos una mayor satisfacción, propósito y significado.

Amor

Solo la Luz puede quitar la oscuridad.
Solo el Amor puede conquistar todos los corazones.

¡Dios es Amor! Cuando recibimos y aceptamos su Amor, es el comienzo de la transformación de la oscuridad a la luz. Juan dijo: "Dios es amor, nadie ha visto jamás a Dios, pero si nos amamos unos a otros, Dios está en nosotros, en unión con nosotros y su amor se perfecciona en nosotros". No necesitamos un intermediario para recibir Amor o merecer Amor. Jesús ama a todos y les da a todos la oportunidad de ser amados y de cambiar a la luz.

La lección más difícil que he aprendido en la vida es la lección del Amor. Cuando estaba en la oscuridad, todo el mundo parecía amarme. Nunca tuve un enemigo o la sensación de que alguien me odiara. Cuando salí a la luz, comencé a seguir a Jesús y a tender la mano para servir a las personas necesitadas, fue como si despertara la ira en ciertas personas. Empecé ver que 3 hombres que vivían cerca de mi negocios se juntaron para ir contra a mí, le pedí a Jesús que los cambiara para que me trataran bien como yo los trataba a ellos. Jesús me dijo que los amara. Esa no era la respuesta que quería escuchar porque era muy injusto para mí.

A pesar de toda la humillación y el dolor, nunca había tratado a ninguno de esos hombres con una mala actitud, sino que les mostré bondad y amor, incluso cuando vi su fuerte deseo de pisarme la cara y destruirme. Simplemente les molestaba que un mujer joven se pueda empoderar en el mundo de los negocios y participar activamente en las obras de Dios. Se enojaron más con el hecho de que siempre sonreía y les mostraba amor y amabilidad. Pero Jesús me dijo que un día, todos me amarían y admirarían, porque el amor verdadero podría conquistar todos los corazones, y que mi venganza por esas personas sería mi éxito en la vida.

Después de vivir la experiencia en Honduras, lidiando con aquellos hombres envidiosos, entendí profundamente que ciertos hombres de las generaciones anteriores al Milenio, aún mantienen la mentalidad de que una mujer bonita no debe ser inteligente ni tener poder e influencia en el mundo de los negocios, donde los hombres predominan. Esta generación de hombres, al hacer negocios, normalmente elige a una mujer joven y atractiva como asistente o secretaria, las dominan y las utilizan como adorno para demostrar su poder y riqueza.

Con la transición a la era de la información, con plataformas de negocios digitales y redes sociales, las mujeres están empoderándose en el mundo de los negocios, poseen riquezas, influencia y poder. Por lo tanto, esta idea intimida el ego de muchos hombres de las generaciones anteriores.

Aun me recuerdo cuanto dolor sentí en mi alma cuando esos hombres me atacaban a mis negocios y mis obras de caridad en Honduras, el mismo lugar donde servir a las personas necesitadas, recibí ataque de los mismos hondureños. Le dije a Jesús que me había quedado sin amor para amar a esos hombre envidiosos y malvados, pero Él dijo que mi nombre es Amor. Ese nombre desde nacimiento 'Tình' en vietnamita significa 'Amor' en español, y fue Él quien me lo dió a través de mis padres. Nunca me quedaré sin amor porque llevo las Semillas del Amor. A medida que lo planto, crece y así es como debo seguir plantando las semillas del Amor y la Luz en todo el mundo.

¿Cómo amar a los que te envidian, te odian, hablan mal de ti, van en tu contra o tratan de destruirte?

No hay nada extraordinario en ti
sí odias a los que te hacen daño.
No hay nada extraordinario en ti
sí odias a los que te odian.
No hay nada extraordinario en ti
sí odias a los que van en tu contra.

Pero hay algo extraordinario en ti si aprendes a orar por ellos con sinceridad. Bendícelos y ora al Dios Todopoderoso para que aquellos que te están lastimando en este momento, dejen de lastimarte. Aquellos que te odian en este momento te amarán, y aquellos que van en contra de ti en este momento te apoyarán. Es difícil amar a tu enemigo, pero una vez que entiendes que si pones oscuridad en la oscuridad, solo lo hace más oscuro, y si pones luz en la oscuridad, ese lugar se iluminará, lo que significa:

No lastimas a los que te lastiman,
pero oren por ellos y bendícelos.
No odias a los que te odian,

pero oren por ellos y bendícelos.
No vas en contra de los que van en tu contra,
pero oren por ellos y bendícelos.

Porque cuando oras con sinceridad y bendices a los que te hieren, te odian, hablan mal de ti o van en tu contra, te liberas de la ira y el odio que tu corazón contiene por ellos. Cuando eso sucede, liberas la energía oscura de ti y purificas tu alma. Cuando Dios vea eso, tocará su corazón y obrará en ellos. Dejarán de lastimarte y comenzarán a amarte y apoyarte.

No me malinterpretes, no tienes que presentarte frente a ellos y dejar que continúen humillándote. Simplemente ora por ellos en privado y decídete a pensar que aquellos que te lastiman, te odian o hablan mal de ti, ahora te aman y te admiran. Los que van en tu contra, ahora te apoyan. Si alguna vez se cruzan en tu camino, trátalos con amabilidad y amor. Muéstrales tu hermosa sonrisa, incluso si su actitud puede mostrar vergüenza u odio hacia ti. ¡Mantén la paz contigo mismo y siéntete orgulloso de ser una persona extraordinaria!

Continúen teniendo fe en sus oraciones y trátenlas como si ya los amaran, los admiren y los apoyen. Eso se llama Amar a Tu Enemigos! Es lo más difícil de hacer, y lo he hecho con ayuda de Dios, y me siento muy orgullosa de mí misma, y sé que Dios también está orgulloso de mi. La forma en que vives tu vida es importante para Dios. Así que asegúrate de irradiar Amor y Luz, Fe y Esperanza, Paz y Armonía, y Alegría y Riqueza, dondequiera que vayas.

Amar a los enemigos es una enseñanza que desafía la naturaleza humana y nos llama a amar incluso a aquellos que nos han hecho daño o que nos consideran sus enemigos. Jesús explica esta enseñanza en su famoso Sermón del Monte, registrado en Mateo 5:43-48:

"Ustedes han oído que se dijo: 'Ama a tu prójimo y odia a tu enemigo'. Pero yo les digo: Amen a sus enemigos y oren por quienes los persiguen, para que sean hijos de su Padre que está en el cielo. Él hace que salga el sol sobre malos y buenos, y que llueva sobre justos e injustos. Si ustedes aman solamente a quienes los aman, ¿qué recompensa recibirán? ¿No hacen eso mismo los publicanos? Y si saludan solamente a sus hermanos, ¿qué hacen de más? ¿No hacen eso mismo los gentiles? Por tanto, sean perfectos como su Padre celestial es perfecto."

Este pasaje nos enseña que el amor a los enemigos es un distintivo del carácter de Dios y una señal de madurez espiritual. Jesús nos llama a amar incluso a aquellos que nos tratan mal o que nos consideran sus enemigos, siguiendo el ejemplo de Dios, quien muestra su amor y misericordia a todas las personas, sin importar su condición moral o su actitud hacia Él.

Jesús nos desafía a ser perfectos como nuestro Padre celestial es perfecto. Esto no significa una perfección impecable, sino más bien la búsqueda constante de reflejar el amor y la misericordia de Dios en nuestras vidas, incluso hacia aquellos que pueden considerarse nuestros enemigos. Es un llamado a vivir en un amor que trasciende las fronteras y las expectativas humanas, imitando el amor incondicional de Dios hacia toda la creación.

Además, en Lucas 6:27-36, Jesús amplía esta enseñanza:

"Pero a ustedes que me escuchan, les digo: Amen a sus enemigos, hagan bien a quienes los odian, bendigan a quienes los maldicen, oren por quienes los maltratan. Al que te pegue en una mejilla, preséntale también la otra. Al que te quite la capa, no le impidas que se lleve también la camisa. A cualquiera que te pida, dale; y al que te quite lo que es tuyo, no se lo reclames. Traten a los demás como quieren que ellos los traten a ustedes. ¿Qué mérito tienen ustedes en amar a quienes los aman? También los pecadores aman a quienes los aman. ¿Qué mérito tienen ustedes en hacer bien a quienes les hacen bien? También los pecadores hacen eso. ¿Qué mérito tienen ustedes en prestar a quienes esperan devolverles? También los pecadores prestan a otros pecadores, con la intención de recibir de ellos lo mismo. Amen a sus enemigos, hagan bien y presten sin esperar nada a cambio. Entonces tendrán una gran recompensa, y serán hijos del Altísimo, porque él es bondadoso con los ingratos y malvados. Sean misericordiosos, así como su Padre es misericordioso."

Estos pasajes nos desafían a amar a nuestros enemigos no solo con palabras, sino también con hechos. Nos aconseja responder a la hostilidad con actos de bondad y compasión, incluso hacia aquellos que puedan habernos hecho daño. Este enfoque radical desafía la sabiduría convencional, que a menudo promueve la retaliación o el resentimiento hacia los enemigos. En lugar de eso, Jesús nos llama a romper el ciclo de animosidad y responder con amor y gracia.

Al bendecir a aquellos que nos maldicen, orar por aquellos que nos maltratan y practicar la generosidad hacia los necesitados, encarnamos el amor transformador de Cristo. Jesús presenta ejemplos prácticos para ilustrar esta enseñanza, animándonos a responder a la agresión con generosidad y desinterés. Al hacerlo, reflejamos el amor sacrificial de Cristo y demostramos un verdadero discipulado.

En última instancia, esta enseñanza nos desafía a amar de una manera que refleje la naturaleza de Dios: respondiendo al odio con amor, al mal con bondad y a la injusticia con misericordia. Es un llamado a trascender la sabiduría mundana y abrazar un amor que refleje la esencia misma de Dios, que es amor y misericordia.

Reconocimientos

A Dios, quien me creó con amor y un hermoso propósito. Gracias Señor por tu mayor bendición en mi vida, por confiar en mí y guiarme en cada paso de mi camino. Gracias Señor por nunca rendirte conmigo y por estar siempre ahí para mí. Gracias Señor por elevarme a lugares a donde nunca pensé que podría llegar, gracias por la unción que tienes para mi vida. Gracias por ayudarme crecer y lograr hasta lo imposible y continuar usando todas las vías disponibles en mi vida para promover tu grandeza y Amor en todo el mundo. ¡Mi más profundo agradecimiento a ti, mi Dios Jesús Cristo! Mi Padre Celestial! Te Amo Mucho!

A mi hijo, Jimmy: Eres mi precioso regalo de Dios. Gracias por tu cariño y tu apoyo incondicional. Tu apoyo es el mayor motor que me ayuda a seguir adelante. Gracias por tus oraciones y por la fuerte fe que tiene por mí. Gracias por apoyarme en la edición de este libro. ¡Estoy tan orgullosa de ti! Alabo a Dios por la maravillosa persona en la que te has convertido. Irradias Amor y Bondad dondequiera que vayas. Tu fe, tu autodisciplina, tu determinación y los resultados de todo lo que haces, muestra el favor y la bendición que Dios ha ordenado para tu vida. Sigue buscando a Dios todos los días con tus oraciones, porque solo Dios puede darte la sabiduría y el entendimiento para vivir una vida plena.

A mí misma: Me agradezco a mí misma por nunca darme por vencido ante las dificultades y desafíos que se me presentan, por la autodisciplina y la determinación de seguir adelante todos los días, y por no tener miedo de ser vulnerable al mundo al revelar mi historia de la vida real en mi primer libro 'Es Pecado Ser Pobre'.

A mi mamá, Hoàn Lý – ¡Te amo mucho, mamá! Gracias por soportarlo todo y nunca rendirte en la vida. Gracias por el amor, el cuidado y la atención que me brinda. Gracias por apoyarme financieramente durante el tiempo que mis negocios estuvieron cerrados. Gracias por confiar en mis proyectos, sé que algún día haré que te sientas realmente orgullosa de mí.

A mi hermana Julia Tran – Gracias por apoyarme siempre, especialmente en los momentos en que más lo necesitaba. Me siento verdaderamente bendecida por tenerte en mi vida.

A mi sobrina, Liann Tsai: gracias por tu apoyo en la edición de mi primer libro 'Es Pecado Ser Pobre'. Dios te eligió por una razón, puede que aún no lo sepamos, pero Dios te mostrará el gran plan que tiene para tu vida. Estoy muy orgullosa de ti y muy agradecida contigo.

A David Escoto – Gracias por estar en mi vida. Estoy muy agradecida por tu Amor, tu fidelidad y apoyo incondicional.

Eres una persona importante en mi vida. Sé que siempre puedo contar contigo. Que Dios te bendiga siempre tu vida y todo lo que hagas.

A Vilma Guevara – Gracias por tu apoyo incondicional. Me siento muy bendecida de tenerte en mi vida. Tú has sido el ángel que Dios había escogido cuidadosamente para caminar conmigo desde que comenzó mi viaje de despertar espiritual. No puedo agradecerte lo suficiente por todo el apoyo incondicional que me ha brindado. Que Dios te bendiga siempre tu vida y todo lo que hagas.

A Rafael Moya – Gracias "San Rafael" por todo tu apoyo. ¡Eres un valiente guerrero de Dios! Gracias por defenderme a mí y a mis negocios durante el momento del ataque de aquellos hombres malvados. Gracias por apoyar a mi hijo, Jimmy, y ser su amigo. Que Dios te bendiga siempre tu vida y todo lo que hagas.

A Carlos Bonilla – Tú has sido un ángel que Dios asignó especialmente para apoyar mi misión en la Tierra. Me siento muy bendecida de contar con tu apoyo incondicional en todo lo que hago. Eres el mejor ejemplo de amor a la hermandad y de difusión de la bondad hacia los demás. Este talento especial te convierte en un gran hombre. ¡Estoy tan orgullosa de ti!

A José Ramírez – Gracias por tu apoyo incondicional y dedicación a mis negocios. Gracias por mantener tu fe en la reapertura de mis negocios. Gracias por cuidar mis negocios como si fueran tuyos. Eres un ser humano increíble; Me siento muy bendecida de tenerte en mi equipo.

A Jimmy Soler: Gracias por tu apoyo emocional cada vez que lo necesité. Es increíblemente agradable estar con tus padres y los amo con todo mi corazón. Gracias por acompañarme al servir a los necesitados, y apoyarme en las misiones en Honduras. Me siento verdaderamente bendecida de contar con tu amistad. Que Dios te bendiga siempre a tu vida y todo lo que hagas.

A Alejandro Colindres – Gracias por ser un instrumento de Dios para sacarme a la luz, sin ti, me hubiera perdido en la oscuridad. Gracias por tu persistencia en ganar la batalla. Te agradezco por todos los sacrificios que hiciste por mí, saliste de tu zona de confort y estuviste dispuesto a aceptar la humillación para cumplir tu misión conmigo. Que el Amor del Señor esté siempre contigo y te bendiga siempre a tu vida y todo lo que hagas.

A María José Andrade – Gracias por la hermosa amistad y el amor que nos tenemos. Me siento realmente bendecida de contar con tu apoyo para Lotus by Jasmine Ly. Eres una persona tan bella, tanto por dentro como por fuera. Que Dios bendiga siempre tu vida y todo lo que hagas.

A Cheila Adino – Gracias por la hermosa amistad que tenemos. Me siento muy bendecida de tenerte en mi vida. Eres una persona tan bella, tanto por dentro como por fuera. Tu corazón amable y tu amor al prójimo inspirara a otros a hacer el bien en la vida. Gracias por apoyar la Fundación Jasmine Ly y mi negocio de Airbnb cuando comencé. Que Dios siempre bendiga tu vida, tu familia y todo lo que haces.

Un agradecimiento especial a todos mis clientes y a las personas que me acompañan para ayudar a los necesitados en Honduras. Agradezco especialmente a los voluntarios de la Fundación Jasmine Ly. Gracias por su apoyo y fe en las obras que hacemos, siguiendo el llamado de Dios.

Acerca del Autor

Jasmine Ly

Una empresaria vietnamita de la generación del milenio, radicada en Centroamérica, inició su carrera como consultora en negocios y finanzas. A través de esta experiencia, logró identificar la verdadera causa de las presiones financieras en la vida de las personas. Diseñó un sistema de administración financiera personal llamado *'El Mapa del Dinero JL'* para liberar a las personas de la presión financiera en la vida. Ella posee una Licenciatura en Administración de Empresas y una Maestría en Finanzas.

Su pasión por los negocios se refleja en su gusto por invertir en proyectos de desarrollo inmobiliario, incluyendo la construcción de edificios y torres. En el transcurso de sus actividades empresariales, encontró a Dios y descubrió su verdadero propósito de vida: servir a personas necesitadas e inspirarlas a superar la pobreza. Siguiendo la guía Divina, ha dedicado muchos años a prestar servicio a comunidades necesitadas en Honduras.

Su visión es global, aspirando a llegar a todo el mundo y utilizar cada oportunidad disponible en su vida para llevar sonrisas a los rostros de niños de bajos recursos económicos, promover la Fe en Dios, el Amor a los prójimos y la Esperanza por un mundo mejor.

Contacta con la autora:
Correo electrónico: jasminely2024@gmail.com

Made in the USA
Columbia, SC
09 June 2025